Kakuzo Okakura / Soshitsu Sen

Ritual der Stille

HERDER / SPEKTRUM

Band 5000

Das Buch

„Abwarten und Tee trinken", schon in unserem Sprichwort klingt die Haltung der Gelassenheit an, ein ruhiges Verhältnis zur Zeit und eine inspirierte Achtsamkeit auf einen einfachen und intensiven Genuß. Eine Tasse Tee ist eine Wohltat für Leib und Seele. Sie vermittelt Ruhe und einen Moment des Abstands von der Geschäftigkeit des Alltags. Die Herkunft des Teetrinkens aus den Ländern asiatischer Kultur ist bekannt. In der Kultur des japanischen Zen ist die Kunst des Teetrinkens sogar zu einem der zentralen Wege des rechten Lebens kultiviert worden. *Chadô*, der „Weg des Tees", lehrt die Menschen, „die Geringfügigkeit dessen zu verspüren, das sie an sich selbst für so wichtig halten" und statt dessen „zu erkennen, wie wichtig scheinbar kleine Dinge an anderen sein können". Der Grundgedanke der Teezeremonie ist ganz einfach: Gastgeber und Gäste treffen sich an einem ruhigen Ort und verrichten miteinander die elementarsten Tätigkeiten des menschlichen Lebens. Daraus erwächst ihnen eine neue Aufmerksamkeit füreinander und für die Dinge in ihrer Umgebung.

Okakuras explizit für „Westler" geschriebener Text vermittelt auf unmittelbar spürbare und inspirierende Weise Weisheit und Schönheit der Teezeremonie, ihre Stille und Klarheit. Der Leser erfährt daneben auch viel über die Kulturgeschichte des Tees und über die spirituellen Grundgedanken von Taoismus und Zen. Der rechte Umgang mit dieser Kunst wird schließlich zur Lebenskunst.

Die Autoren

Kakuzo Okakura wurde 1862 in Yokohama als Sohn einer Samurai-Familie geboren. Er verbrachte einige seiner Jugendjahre in einem buddhistischen Kloster und studierte an der Universität von Tokio. Später lebte er in Boston. 1906 verfaßte Okakura sein Buch über die japanische Teezeremonie in englischer Sprache. Er starb im Jahre 1913.

Soshitsu Sen (geboren 1923 in Kyoto) ist direkter Nachkomme Sen Rikyûs (1522–1591), des Begründers der Teezeremonie und selbst Großer Meister der Urasenke-Schule. In dieser Eigenschaft vermittelt er die Prinzipien der Teezeremonie in Japan und in verschiedenen Ländern der westlichen Welt.

Kakuzo Okakura / Soshitsu Sen

Ritual der Stille

Die Teezeremonie

Aus dem Englischen
von Judith Mayer

Mit 10 Fotos
von Peter-Cornell Richter

Herder
Freiburg · Basel · Wien

Titel der englischen Originalausgabe
The Book of Tea
© Kodansha International, Tokio/New York/London 1989

Gedruckt auf umweltfreundlichem,
chlorfrei gebleichtem Papier

© Verlag Herder Freiburg im Breisgau 1997
Satz: DTP-Studio Helmut Quilitz
Herstellung: Freiburger Graphische Betriebe 1997
Umschlaggestaltung: Joseph Pölzelbauer
Umschlagmotiv: Ausschnitt aus „Spiegel der schönen Frauen
aus den Grünen Häusern" (japanischer Farbholzschnitt, 1776):
Kurtisanen bei der Teezeremonie.
ISBN 3-451-05000-5

INHALT

VORWORT

Kakuzo Okakuras „Buch vom Tee" ist seit nahezu hundert Jahren eine der verständlichsten Einführungen in die asiatische Lebensart und Denkweise in englischer Sprache. Es ist eine Pionierleistung des kulturellen Brückenschlags zwischen Ost und West, und es kann in seinem Bemühen auch gegenwärtig noch als bemerkenswert gelten. Wie dieses Buch frühere Leser durch die Fremdartigkeit seines Themas in Erstaunen versetzte, so überrascht es auch uns Heutige durch die Frische seiner Einsichten und seine treffende Sprache.

Chadô oder *chanoyu* – wörtlich übersetzt „der Weg des Tees" und weithin bekannt als die „Teezeremonie" – ist für viele Menschen von einer geheimnisvollen Aura umgeben. Das, was es vorrangig ausmacht, ist jedoch einfach: Eine kleine Anzahl von Freunden kommt zusammen, um im Verlauf einiger Stunden gemeinsam eine Mahlzeit zu essen, Tee zu trinken und eine kurze Atempause zu genießen, abseits von der Geschäftigkeit des Alltags. Die Gäste durchqueren einen kleinen, mit Bäumen und Sträuchern bepflanzten Garten und betreten den ruhigen, abgeschlossenen Teeraum, der gegen jedes grelle Licht abgeschirmt ist. In einer

Nische hängt eine Schriftrolle, die vielfach die Worte eines Zen-Meisters enthält. In einer Vase sind einige Blumen in schlichter Weise arrangiert. In der Ruhe dieses Raumes, der in seiner Atmosphäre an eine abgeschiedene Hütte erinnert, finden Gastgeber und Gäste zu einem Zustand innerer Sammlung. Und während sie die ganz normalen Handgriffe des täglichen Lebens ausführen, versuchen sie, zueinander und zu allem, was sie umgibt, eine direkte, unmittelbare Beziehung tiefer Wertschätzung herzustellen.

Okakura schrieb „Das Buch vom Tee" im Jahre 1906 in englischer Sprache, um westlichen Lesern den Geist und die Atmosphäre des *chanoyu* nahezubringen. Das Buch entstand zu einer Zeit, da seine Landsleute begierig jeden einzelnen Aspekt des japanischen Lebens zu verwestlichen suchten, und es entstand genau zu jenem Zeitpunkt, zu dem Japan die Welt in Erstaunen versetzte, indem es Rußland unter Einsatz einer modernen Seestreitmacht besiegte, die auf unbegreifliche Weise nach nur wenigen Jahrzehnten intensiver Forschung aufgebaut worden war.

Zweiunddreißig Jahre zuvor hatte das *chanoyu* selbst eine gefährliche Bewährungsprobe zu bestehen gehabt, nämlich die Entscheidung der Meiji-Regierung, die Teezeremonie den „darstellenden Künsten" zuzurechnen. Nur durch die leidenschaftliche Bitte Gengensais, meines Vorfahren vier Generationen vor mir, entkam sie mit knapper Not dieser Etikettierung. Seither gilt *chanoyu* als Lebensform.

Es ist nicht zuviel gesagt, Okakura und Gengensai in bezug auf ihren Mut und ihren Scharfblick als Kinder eines Geistes zu bezeichnen. Diesen Fähigkeiten ist zuzuschreiben, daß Okakura sich der auf breiter Front erfolgenden Abwendung von der traditionellen Kultur entgegenstellte und daß er in der Lage war, im *chanoyu* eine kulturelle Errungenschaft zu erkennen, die es wert war, neben militärischer Stärke und industrieller Kühnheit erhalten zu bleiben, und für die zu kämpfen es sich wegen der ihr innewohnenden Wertschätzung des menschlichen Lebens lohnte.

Okakura war in mehrfacher Hinsicht nicht der geeignete Kandidat dafür, *chanoyu* der westlichen Welt vorzuführen. Obwohl er in seiner Jugend das *chanoyu* studiert hatte, wies das Haus, das er in Japan gebaut hatte, nur wenige Spuren seiner aktiven Praxis des *chadô* im täglichen Leben auf. Mehr noch: Seine spürbare Ironie und Leidenschaftlichkeit, die durch die Eleganz seines sprachlichen Stils kaum verhüllt wird, läßt mehr geistiges Feuer erkennen, als normalerweise im Teeraum für angemessen erachtet wird. Mit bezeichnender Selbsterkenntnis bekennt Okakura: „Vielleicht offenbare ich durch meine Freimütigkeit meine eigene Unkenntnis des Tee-Kultes." Man spürt jedoch, daß dieses Bekenntnis weit davon entfernt ist, als Entschuldigung zu dienen, denn für ihn war klar, welchem Auftrag er diente. Es gab bereits andere englischsprachige Bücher zum *chanoyu*, aber Okakuras Zielsatzung war eine andere. Indem er sein Buch zu eben der Zeit schrieb, in der Japan zum ersten Mal erfolgreich westliche Methoden der Kriegsführung übernahm, nahm Okakura die Aufgabe auf sich, die japanische Kultur für den Westen zu deuten. Indem er *chanoyu* als Thema wählte, hatte er sich mit der breiten Strömung asiatischer Kultur zu befassen, die aus Indien in Richtung Osten geflossen war, und mit dem potentiellen Einfluß dieser kulturellen Strömung auf die allgemein menschliche Kultur. Indem er sich weigerte, als *chanoyu-*Meister aufzutreten, war er – absichtlich oder nicht – um so erfolgreicher als Verfechter dieser Kulturform.

Meiner Auffassung nach waren es drei Aspekte aus Okakuras Erziehung in jungen Jahren, die eine entscheidende Rolle dabei spielten, daß aus ihm der Autor des „Buches vom Tee" wurde. Der erste dieser Aspekte war sein Kontakt zu Menschen und Formen des Lernens, die aus dem Westen stammten. Okakura wurde im Jahre 1862 geboren, zu einer Zeit, als Japan gerade aus seiner Isolation vom Rest der Welt aufzutauchen begann. Im Jahre 1860 hatte der Kommodore Perry die Bucht von Tokio für ausländische Schiffe freigegeben, und Okakura wurde in der nahegelegenen Hafenstadt Yokohama geboren.

Sein Vater war Samurai und nahm innerhalb seiner Familie einen hohen Rang ein. Er war aus Fukui in die plötzlich so betriebsame Hafenstadt beordert worden. Obwohl Yokohama lange Zeit kaum mehr gewesen war als ein Fischerdorf, verwandelte es sich schnell in ein Handelszentrum, und wie es scheint, profitierte der von der Familie Okakura betriebene Handel mit Seide, die in Fukui hergestellt wurde, von der großen Zahl ausländischer Kunden. In diesem Umfeld nahm der junge Okakura sein Studium der englischen Sprache auf, und vermutlich lernte er hier auch die sozialen Umgangsformen, die ihn später dazu befähigten, sich gelassen und selbstsicher in der Bostoner Gesellschaft zu bewegen.

„Das Buch vom Tee" legt ein deutliches Zeugnis von Okakuras sprachlicher Genialität ab. Sein Stil weist ein derartiges
Ausdrucksvermögen auf, daß man einen Autor vermutet,
der das Englische zur Muttersprache hat. Dabei sollte man
allerdings nicht vergessen, mit welcher Begierigkeit die Japaner seinerzeit danach trachteten, die Errungenschaften des
Westens zu übernehmen. Im Jahre 1877 war Okakura einer
der ersten Studenten der neugegründeten Universität von
Tokio als einer Institution, in der westliche Inhalte vermittelt
werden sollten. Unterrichtssprache war Englisch, und die
Professoren wurden von auswärts eingeladen. Bereits dort
scheint Okakuras Beherrschung der englischen Sprache einige Bekanntheit erlangt zu haben, denn er diente den Do-
zenten vielfach als Übersetzer.

Ich vermute, daß Okakuras umfassender Zugriff auf Epochen und Kulturen – als Beispiel sei seine Charakterisierung
der „emotionalen Impulse" der chinesischen Methode der
Teezubereitung als klassisch, romantisch und naturalistisch
genannt – aus seiner Schulung in westlichem Denken stammten. Immer und immer wieder eröffnet sein weiter Blickwin-
kel – weit über das hinaus, was die Betrachtung der traditionellen Künste normalerweise ausmachte – neue Perspektiven
auf das, was das Fundament japanischer Kultur bildete.

Der zweite wichtige Aspekte seiner frühen Erziehung
waren seine Studien der chinesischen Klassik. Obwohl er
seine Studien des Englischen als neunjähriger Bursche und
unter der Anleitung ausländischer Lehrer begann, orientier-
te Okakura sich nicht ausschließlich in Richtung auf die
westliche Welt. Es heißt, daß es seine Verlegenheit darüber

war, nicht ein einziges japanisches Schriftzeichen lesen zu können, die ihn dazu brachte, die chinesische Klassik zu studieren. Diese Entscheidung ist jedoch auch in Verbindung mit dem Verlust seiner Mutter zu sehen, die erkrankte, als er acht Jahre alt war und deren Tod ihn sein ganzes Leben hindurch zutiefst beeinflußte. Als sein Vater erneut heiratete, wurde Okakura für einige Jahre in ein buddhistisches Kloster geschickt. Während er dort seine Studien des Englischen fortsetzte, wurde er vom Priester dieses Klosters in die klassische Literatur Chinas eingeführt. Vielleicht hat Okakuras Interesse an der religiösen Kultur des Westens, die in seiner Erkenntnis des *chanoyu* als einer Art spiritueller Lehre gipfelte, ihren Ursprung in dieser Zeit des Lernens. In diesem Zusammenhang ist festzuhalten, daß seine japanischen Schriften ebenso wie seine englischen eine Stilhöhe aufweisen, die seine Studien des Chinesischen widerspiegelt.

Der dritte grundlegende Aspekt in Okakuras Erziehung war sein Interesse an Kunst. Er nahm den Unterricht in japanischer Malerei mit vierzehn Jahren auf, etwa zu derselben Zeit, zu der er an Zusammenkünften teilzunehmen begann, auf denen Gedichte in chinesischer Sprache gelesen und verfaßt wurden.

„Das Buch vom Tee" läßt diese verschiedenen Aspekte Okakuras erkennen, aber der Fairneß halber muß gesagt werden, daß sie zum ersten Mal in Okakuras Begegnung mit dem amerikanischen Lehrer Ernest Fenollosa zu einer Synthese gebracht wurden. Fenollosa, der in Japan hohes Ansehen dafür genießt, daß er eine entscheidende Rolle bei der Bewahrung japanischer Kunst zu einer Zeit spielte, als dieser in Japan nur geringe Wertschätzung zuteil wurde, kam im Jahre 1878 als Dozent für Philosophie an die Tokioter Universität. Er war damals sechsundzwanzig Jahre alt, und Okakura war einer seiner Studenten.

Fenollosas Interesse an japanischer Kunst und Architektur vertieften sich während seines Tokio-Aufenthaltes. In Begleitung Okakuras, der als sein Dolmetscher fungierte, besuchte er Antiquitätenläden und Kunstgalerien, in denen japanische Kunst gesammelt wurde. Unterstützt von Okakura, der ihm die Texte übersetzte, studierte er die Geschichte der Kunst. Dergestalt vorbereitet, begann Fenollosa eine Reihe von Vorlesungen zur japanischen Kunst zu halten, wiederum mit der Hilfe Okakuras. Die Verbindung zwischen den beiden Männern bestand über den Abschluß von Okakuras Studium hinaus. Gemeinsam arbeiteten sie daran, die japanische Regierung zu Maßnahmen zum Schutz und zur Erhaltung japanischer Kunst zu drängen, und als eine entsprechende Kommission gebildet wurde, wurden sie beide herangezogen, um Kunstschätze in Tempeln und Schreinen zu studieren und zu katalogisieren.

Unter der Anleitung Fenollosas vertiefte Okakura sich seinerzeit erstmals in das reiche Erbe japanischer Kunst – ein Bemühen, das ihn von da an für den Rest seines Lebens begleiten sollte. Zu der Zeit, als er gemeinsam mit Fenollosa die Öffnung eines verschlossenen Schreins durch die Mönche des Hôryûji-Klosters in Nara überwachte, war er Anfang Zwanzig. Der Schrein gab eine bedeutsame Buddha-Statue preis, die, aller Welt unbekannt, zweihundert Jahre lang versteckt gewesen war. Die Erhaltung von Wandmalereien in demselben Kloster war eine der letzten Errungenschaften in Okakuras Leben.

Durch Fenollosa lernte Okakura zahlreiche Freunde kennen, die in seinem späteren Leben in Boston eine wichtige Rolle spielen sollten. Dies gilt besonders für William Sturgis Bigelow, der die große Sammlung von Objekten japanischer Kunst anhäufte, die später das Herz der asiatischen Abteilung des Bostoner Museums für Schöne Künste bilden sollte, und Isabella Stewart Gardner, in deren Haus in Brookline, einem Vorort von Boston, Okakura zum ersten Mal aus seinem „Buch vom Tee" las.

In diesem Zusammenhang ist es wichtig festzuhalten, daß Okakuras Interesse an Kunst trotz seiner Wertschätzung des Altertums keineswegs antiquarisch war. Ihm ging es um „lebendige Kunst", ganz gleich, aus welcher Epoche sie stammte. Im Zuge seiner Durchforstung der Vergangenheit nach dieser Art von Kunst reiste er nach China und Indien, wo er zu der Überzeugung gelangte, daß „Asien eines ist", daß die verschiedenen asiatischen Kulturen eine gemeinsame Wurzel besitzen. Zur selben Zeit entdeckte er, daß Japan eine Art Kunstschatz darstellte, ein „Museum der asiatischen Zivilisation", in dem Schätze aus der gesamten Geschichte versammelt waren.

Nach Abschluß seines Studiums – er war immer noch in seinen Zwanzigern – hatte Okakura diverse Regierungsposten im Bereich der Schönen Künste inne. Er wurde damit betraut, eine staatliche Kunstakademie zu gründen und war darüber hinaus Kurator des Kaiserlichen Museums der Schönen Künste. Im Zuge dieser Tätigkeiten unterstütze er aktiv junge Künstler.

Okakura sah sich schließlich gezwungen, seine Regierungsposten aufzugeben, teilweise bedingt durch eine Indiskretion, die er sich im Alter von sechsunddreißig Jahren hatte zuschulden kommen lassen. Er gründete daraufhin eine private Kunstakademie für junge Studenten der Schönen Künste; als diese jedoch nicht mehr recht florierte, verließ er Japan und ging zunächst nach Indien, dann, im Jahre 1904, in die Vereinigten Staaten. Dort nahm er den Posten eines Beraters der Abteilung für chinesische und japanische Kunst beim Museum der Schönen Künste in Boston an. Er blieb von dieser Zeit an dem Museum eng verbunden, was häufige Reisen nach Europa, China, Indien und Japan einschloß.

Es hat den Anschein, daß Okakura die ersten Pläne für das „Buch vom Tee" während einer Zeit der Ruhe in Japan im Jahre 1905 entwarf. Zu dieser Zeit begann er auch damit, Material für das geplante Buch zu sammeln. Obwohl mit den Verfahren der Teezubereitung und der Atmosphäre des Teeraums vertraut, ging es ihm nicht darum, die konkreten Abläufe des *chanoyu* zu schildern, sondern über traditionelle asiatische Werte und Ideale zu berichten, über die im Westen nur wenig bekannt war. Er wollte also den Geist des *chanoyu* übermitteln, das er als eine Kristallisation des kulturellen Lebens im Osten verstand. Ebenso wie Japan als Hort der historischen Traditionen des asiatischen Festlandes fungierte, konnte das *chanoyu* als

15

lebendige Synthese der traditionellen Künste betrachtet werden.

Unter allen Aspekten der Ausbildung Okakuras, die zu der umfassenden Vision des „Buches vom Tee" beitrugen, wurde seine Beziehung zur Kunst zum Schwerpunkt. Indem er das *chanoyu* als Symbol zur Erklärung der asiatischen Auffassung von Kunst wählte, folgte Okakura möglicherweise den großen Teemeistern der Vergangenheit. Er legt dar, daß nach dem Niedergang des japanischen Kaiserhauses im Verlauf des Mittelalters die Teemeister die Aufgabe übernahmen, die Schätze der Vergangenheit zu sammeln, zu katalogisieren und sich um ihre Bewahrung zu bemühen.

Seine Erfahrungen mit der westlichen Lebensweise ermöglichten Okakura jedoch, eine Perspektive einzunehmen, die über die Begrenzungen einzelner Schulen und Tradtionen des *chanoyu* hinausging. Sein Eintreten für eine Wertschätzung des Ästhetischen blieb auf diese Weise vor der möglichen Gefahr eines Elitedenkens bewahrt. In einer besonders beeindruckenden Passage des Buches, die ein helles Licht auf die Praxis des *chanoyu* wirft, schlägt Okakura vor, das *chanoyu* als etwas zu sehen, „das alle, die ihm anhängen, zu Aristokraten im Bereich des guten Geschmacks macht". Er sah *chanoyu* als eine Form spiritueller Kultur, eine Disziplin, die aus sich selbst heraus zu einer „Lebenskunst" wird. Das *chanoyu* schließt eine Wertschätzung der ganz gewöhnlichen Aspekte des Alltagslebens ein, und in seinem Kern befindet sich eine „Geometrie der Moral", die uns an unseren Platz im größeren

Rahmen des Universums gemahnt. Niemals zuvor bedurf-
te es so notwendig einer derartigen Auffassung wie gegenwärtig.

Okakuras Verständnis des *chanoyu*, das zu weiten Tei-
len seinem breit angelegten Studium des Chinesischen
entsprang, wurzelte in den traditionellen Werten des
Buddhismus, des Taoismus und des Konfuzianismus. Innerhalb dieser Traditionen wird Kunst als etwas verstanden, das sich allem Falschen, Habsüchtigen und nur sich
selbst Dienenden entgegenstellt. Okakura führt aus: „Wir
vergeben niemals anderen Menschen, weil wir wissen,
daß wir selbst im Unrecht sind. Wir nähren unser Selbst-
bewußtsein, weil wir uns davor fürchten, anderen die
Wahrheit zu sagen; wir flüchten uns in unseren Stolz, weil
wir uns davor fürchten, uns selbst die Wahrheit einzugestehen." Indem sie ihr Wahrnehmungsvermögen für das
Ästhetische und ihre moralische Empfindsamkeit ent-
wickeln, können Menschen sich denjenigen Aspekten ihrer Existenz annähern, die wahr und authentisch sind.
Chanoyu hat sich als ein möglicher Weg zu einem solchen
Leben erwiesen.

In seinem Bemühen um einen adäquaten Ausdruck für
diese Dimension des *chanoyu* spricht Okakura vom „Teeismus" oder vom „Tee-Kult". Keiner dieser Ausdrücke ist angemessen, und keiner von ihnen ist in den allgemeinen
Sprachgebrauch übernommen worden, denn obwohl sie
das religiöse Element des Teeweges ausdrücken, tun sie es
doch in westlicher Form. Okakura erklärt, daß das *chanoyu*
immer in konkrete Handlungen eingebettet ist und in die le-

bendige Wertschätzung der Schönheit, die den ganz alltäglichen Gegenständen innewohnt. Während viele Menschen immer wieder versuchten, der menschlichen Größe imponierende Denkmäler von bleibendem Wert zu errichten, widerstand Okakura dem übereilten Drang seiner Zeit nach Industrialisierung und militärischer Stärke und verfaßte mit viel Mut und Vorstellungsvermögen ein schmales Büchlein, das in sich den Geist eines Zusammentreffens von Freunden zum Tee trägt und darin uns Heutige immer wieder in erfrischender Weise an unsere Menschlichkeit gemahnt.

„Das Buch vom Tee" ist damit ein Essay von bemerkenswert bleibendem Wert, und das nicht nur, weil er uns etwas über die amerikanische Auffassung Japans an der Wende zum 20. Jahrhundert sagt, sondern auch, weil er uns in unvermindert aktueller Weise daran erinnert, daß die Schönheit von Blumen für die menschliche Existenz nicht weniger essentiell ist als die neuesten Annehmlichkeiten oder materiellen Errungenschaften, sondern einen höheren Stellenwert besitzt als diese. Das Buch ist in dieser Hinsicht ein Klassiker im ursprünglichen Sinne, fest verwurzelt in seinem eigenen Umfeld und gleichzeitig doch auch über seine Zeit und die Umstände seiner Entstehung hinausweisend.

Am Schluß des Buches liefert Okakura eine wunderbare Erinnerung an den Tod Sen Rikyûs, des Teemeisters, der *chanoyu* zu seiner höchsten Blüte brachte und dessen Erbe ich heute, fünfzehn Generationen später, nicht ohne Stolz antrete. Tod, so Okakura, sollte nicht als bloße Verneinung des Lebens begriffen werden; „nur wer mit dem Schönen gelebt hat, kann einen schönen Tod haben". Rikyûs Tod liegt inzwischen vierhundert Jahre zurück, und indem wir über die Entwicklung des *chanoyu* im Laufe der Geschichte nachdenken, bis hin zum Beginn des 21. Jahrhunderts, ist es angemessen, daß wir uns einmal mehr dem „Buch vom Tee" zuwenden.

Soshitsu Sen XV
Kyôto

Das Buch vom Tee

Blick ins Innere eines Teeraums der Urasenke mit Tokonoma.

Eine Schale der Menschlichkeit

*I*n seinen Anfängen wurde Tee als Medizin eingesetzt und entwickelte sich dann zum Getränk. In China trat er im 8. Jahrhundert in den Bereich der Dichtung ein, und zwar als eine vornehme Art und Weise, sich zu vergnügen. Im 15. Jahrhundert wurde er in Japan zu einer Religion des Ästhetizismus entwickelt – Teeismus. Teeismus ist ein Kult, der sich auf die Huldigung an das Schöne unter den dürftigen Fakten des alltäglichen Lebens gründete. Der Tee-Kult schärft das Empfinden für Reinheit und Harmonie, das Geheimnis wechselseitiger Güte und Milde, die Romantik der gesellschaftlichen Ordnung. Seinem Wesen nach ist er eine Huldigung an das Unvollkommene, denn er ist ein sachter Versuch, etwas zu vervollständigen, das innerhalb dieses unmöglichen Etwas, das wir Leben nennen, möglich scheint.

Die Philosophie des Tees ist nicht bloßer Ästhetizismus im herkömmlichen Wortsinne, denn sie drückt gemeinsam mit der Ethik und der Religion die Gesamtheit unseres Blickes auf Mensch und Natur aus. Sie ist Hygiene, denn sie erfordert Sauberkeit; sie ist Ökonomie, denn sie sucht die Bequemlichkeit eher in der Einfachheit als im Komplexen und Kostspieligen; sie ist moralische Geometrie, insofern sie etwas über unseren Platz im Verhältnis zum Universum aussagt. Sie repräsentiert den wahren Geist östlicher Demokratie, insofern sie alle, die ihr anhängen, zu Aristokraten des guten Geschmackes macht.

Die langandauernde Isolation Japans vom Rest der Welt, die den Blick nach innen so sehr begünstigte, hat in einem hohen Grad zur Entwicklung des Teeismus beigetragen. Unsere Häuser und unsere Lebensgewohnheiten, die Art, wie wir uns kleiden und wie wir kochen, unser Porzellan, unsere Lackarbeiten und unsere Malerei – vor allem auch unsere Literatur –, all das war durch den Teeismus beeinflußt. Niemand, der sich dem Studium der japanischen Kultur widmete, konnte seine Gegenwart leugnen. Er hat die Eleganz vornehmer Boudoirs durchdrungen und ist in die Wohnungen der Armen eingetreten. Unsere Bauern haben gelernt, wie man Blumen arrangiert; jeder gewöhnliche Arbeiter weiß, wie man den Bergen und dem Wasser seinen Gruß entbietet. In unserem allgemeinen Sprachgebrauch sprechen wir von Menschen, die „keinen Tee in sich haben", wenn wir sagen wollen, daß jemand unempfänglich ist für die tragikomischen Aspekte des menschlichen Dramas. Den zügellosen Ästheten, der sich ohne Rücksicht auf die weltliche Tragödie der Springflut losgelöster Emotionen hingibt, bezeichnen wir als jemanden, der „zuviel Tee in sich hat".

Der Außenseiter mag sich darüber wundern, daß hier anscheinend so viel Lärm um nichts gemacht wird. Welch ein Sturm in der Teeschale, könnte man meinen. Aber wenn

man bedenkt, wie klein die Schale der menschlichen Freu-
den schließlich und endlich doch ist, wie schnell sie vor
Tränen überfließt und wie leicht sie durch unseren unstill-
baren Durst nach Unendlichkeit bis zur Neige geleert ist,
sollten wir uns nicht selbst dafür anklagen, einer Schale Tee
so viel Wert beizumessen. Die Menschheit hat Schlimmeres
verbrochen. Wir haben uns allzu frei der Anbetung des
Bacchus hingegeben; und wir haben es fertiggebracht, selbst
das blutige Bildnis des Mars noch zu verherrlichen. Warum
sollten wir uns nicht der Königin der Kamelien weihen und
uns an dem warmen Strom von Sympathie erfreuen, der von
ihrem Altar ausgeht? Im flüssigen Bernstein im Inneren der
Teeschale mag der Kundige die süße Verschwiegenheit des
Konfuzius berühren, die Pikanterie des Lao-tse und den äthe-
rischen Duft Sakyamunis höchstselbst.

Diejenigen, die in sich selbst nicht die Kleinheit des
Großen verspüren können, übersehen leicht die Größe der
kleinen Dinge in anderen. Der durchschnittliche westliche
Mensch betrachtet in seiner geschmeidigen Selbstzufrieden-
heit die Teezeremonie nur als eine von tausend und aber-
tausend Sonderbarkeiten, an denen er die Seltsamkeit und
das kindische Wesen des Ostens festmacht. Er war es gewohnt, Japan als barbarisch zu betrachten, als es sich an der
hohen Kunst des Friedens erfreute; er bezeichnet es als zi-
vilisiert, seit es begonnen hat, auf den Schlachtfeldern der
Mandschurei Menschen regelrecht abzuschlachten. Dem
Gesetz der Samurai ist in jüngster Zeit viel Beachtung zuge-
kommen – der Kunst des Sterbens, die unsere Soldaten dazu bringt, sich triumphierend selbst zu opfern; um den Tee-

ismus hingegen, der so viel von unserer Lebenskunst repräsentiert, hat man sich kaum gekümmert. Gerne würden wir Barbaren bleiben, gründete sich unser Anspruch auf Zivilisiertheit auf den grausamen Ruhm des Krieges. Gerne würden wir die Zeit abwarten, zu der unserer Kunst und unseren Idealen der gebührende Respekt erwiesen würde.

Wann wird der Westen den Osten verstehen oder dies zumindest versuchen? Wir Asiaten sind oft erschreckt über das Netz aus Tatsachen und Phantasiegespinsten bezüglich unserer Lebensweise. Man stellt sich vor, wir würden vom Duft des Lotus leben, wenn nicht gar von Mäusen und Küchenschaben. So etwas ist entweder kraftlose Phantasterei oder sonst irgendeine Art von gemeiner Wollust. Indische Spiritualität wurde als Unwissenheit verspottet, chinesische Nüchternheit als Dummheit, japanischer Patriotismus als Ergebnis eines Schicksalsglaubens. Man hat behauptet, wir seien weniger empfindlich gegen Schmerzen und Wunden wegen unserer nervlichen Empfindungslosigkeit!

Warum sich nicht amüsieren auf unsere Kosten? Asien gibt das Kompliment zurück. Es gäbe noch reichlich Anlaß zur Belustigung, würde man im Westen alles das kennen, was wir uns über euch vorgestellt und niedergeschrieben haben. Der ganze Reiz dieses Blicks aus der Ferne findet sich darin, die unbewußte staunende Huldigung, die stille Abneigung gegen das Fremde und Unbekannte. Man hat euch Tugenden zugeschrieben, die zu verfeinert sind, als daß man euch um sie beneiden könnte, und man hat euch beschuldigt, Verbrechen begangen zu haben, die zu pitto-

resk sind, als daß man euch dafür verurteilen könnte. Die
Schriftsteller unserer Vergangenheit – weise Männer, die es
wissen mußten – ließen uns wissen, ihr hättet buschige
Schwänze, die ihr irgendwo in euren Kleidern verbergen
würdet, und ihr würdet nicht selten Frikassee aus neugebo-
renen Kindern verspeisen! Damit nicht genug: Wir wußten
noch Schlimmeres über euch: Wir dachten stets, daß ihr die
unpraktischsten Menschen dieser Erde sein müßtet, denn
man erzählte sich von euch, daß ihr predigtet, was ihr doch
niemals selbst tun würdet.

Inzwischen sind derartige Mißverständnisse bei uns
mehr und mehr im Schwinden begriffen. Der Handel hat
die europäischen Sprachen in immer mehr östliche Häfen
kommen lassen. Junge Asiaten strömen in Scharen an die
westlichen Universitäten, um in den Genuß einer modernen Ausbildung zu gelangen. Wir haben keine tiefgreifen-
den Einsichten über eure Kultur vorzuweisen, aber wenigstens sind wir gewillt zu lernen. Einige meiner Landsleute
haben zu viele eurer Gewohnheiten und eurer Verhaltensmaßregeln übernommen, in der verblendeten Hoffnung,
daß das Tragen steifer Krägen und hoher Seidenhüte die Er-
langung eurer Zivilisation einschließe. Wie pathetisch und
jämmerlich derartige Vorlieben auch sein mögen, sie be-
kunden unsere Bereitschaft, uns dem Westen auf Knien zu
nähern. Leider ist die westliche Geisteshaltung nicht geeignet, den Osten zu verstehen. Der christliche Missionar
kommt, um etwas weiterzugeben, nicht, um etwas zu empfangen. Was ihr über uns wißt, basiert auf den dürftigen
Übersetzungen unserer unüberschaubar reichen Literatur,

wenn nicht gar auf den wenig verläßlichen Erzählungen von Menschen, die unser Land durchreist haben. Nur selten kommt es vor, daß die ritterliche Feder etwa eines Lafcadio Hearn oder diejenige des Autors von „The Web of Indian Life" die östliche Dunkelheit mit dem Licht unserer eigenen Empfindungen erhellt.

Vielleicht offenbare ich meine eigene Unkenntnis des Tee-Kultes, indem ich so freimütig bin. Der ihm innewohnende besondere Sinn für Höflichkeit fordert, daß man das sagt, was von einem erwartet wird, und nichts, was darüber hinausgeht. Aber ich will kein höflicher Tee-Mensch sein. Das wechselseitige Mißverstehen der Alten und der Neuen Welt hat bereits soviel Schaden angerichtet, daß man sich nicht noch dafür entschuldigen muß, seinen Teil dazu beizutragen, daß man einander besser versteht. Der blutige Krieg gegen Beginn des 20. Jahrhunderts wäre uns erspart geblieben, hätte Rußland sich dazu herabgelassen, Japan besser kennenzulernen. Welch schreckliche Konsequenzen für die Menschlichkeit hat das verächtliche Ignorieren der Probleme des Ostens mit sich gebracht! Der europäische Imperialismus, der sich nicht zu gut dazu ist, die absurde Vorstellung einer „gelben Gefahr" heraufzubeschwören, übersieht dabei, daß Asien ebensogut auf die grausame Idee einer „weißen Katastrophe" kommen könnte. Ihr mögt uns dafür auslachen, daß wir „zuviel Tee in uns haben", aber ist es nicht auch nachvollziehbar, daß wir von euch annehmen, daß ihr „keinen Tee" in euch tragt?

Laßt uns damit aufhören, einander von Kontinent zu Kontinent mit Epigrammen zu bewerfen, und wenn schon

nicht weiser, so doch wenigstens beschämt sein im Besitz
jeweils einer Hälfte der Erde. Wir haben uns auf verschiedenen Wegen entwickelt, aber es gibt keinen Grund dafür,
daß wir einander nicht ergänzen sollten. Ihr habt euch immer weiter ausgedehnt und seid dabei ruhelos geworden;
wir haben eine Harmonie geschaffen, die gegen Aggression
machtlos ist. Ob ihr es glaubt oder nicht – in mancher Hinsicht ist der Osten besser dran als der Westen!

Seltsamerweise hat sich die Menschheit bisher immer-
hin in der Teetasse vereint gefunden. Die Teezeremonie ist
die einzige asiatische Zeremonie, die man überall gleich
hoch schätzt. Der weiße Mann hat über unsere Religion
und Moral gespottet, aber unser braungefärbtes Getränk hat
er ohne Zögern akzeptiert. In der westlichen Gesellschaft
nimmt der Nachmittagstee nunmehr eine wichtige Funkti-
on ein. Im zarten Klappern der Tassen und Untertassen, in
der sanften Geschäftigkeit weiblicher Gastfreundschaft, in
der allgemein bekannten Lehre von Milch und Zucker er-
weist sich eine unhinterfragbare Hochschätzung des Tees.
Die philosophische Resignation des Gastes dem Schicksal
gegenüber, das sich ihm in Gestalt eines zweifelhaften Ge-
bräus nähert, tut kund, daß in diesem einen Punkt der Orient den Vorrang hat.

Man sagt, die früheste schriftliche Erwähnung des Tees in
der europäischen Literatur sei die Feststellung eines arabi-
schen Reisenden, daß nach dem Jahre 879 die hauptsäch-
lichen Einnahmequellen in Kanton die auf Salz und Tee
erhobenen Steuern seien. Marco Polo berichtet von der Ab-

setzung eines chinesischen Finanzministers, der die Tee-
steuer eigenmächtig erhöht hatte. Zur Zeit der großen Entdeckungen begannen die Europäer mehr über den äußersten Orient zu erfahren. Ende des 16. Jahrhunderts brachten die Holländer die Kunde, daß man im Osten aus den
Blättern eines Strauchs ein wohlschmeckendes Getränk
zubereite. Giovanni Batista Ramusio (1559), L. Almeida
(1576), Maffeno (1588) und Tareira (1610) erwähnen in
ihren Reiseberichten ebenfalls den Tee. Im zuletzt genannten Jahr brachten Schiffe der Holländisch-Ostindischen
Kompanie den ersten Tee nach Europa. In Frankreich wurde er 1636 bekannt; Rußland erreicht er im Jahre 1638.
England hieß den Tee 1650 willkommen und bezeichnete
ihn als „ein vortreffliches und von allen Ärzten geschätztes
chinesisches Getränk, von den Chinesen Ch'a genannt, von
anderen Nationen Tay, alias Tee".

Wie bei allen guten Dingen dieser Welt stellte sich dem
Lob auch Widerstand entgegen. Häretiker wie Henry Savil-
le (1678) bezeichneten das Teetrinken als eine schmutzige
Angewohnheit. Jonas Hanway sagte in seinem 1756 entstandenen „Essay on Tea", daß Männer durch den Genuß
von Tee ihre Statur und ihre Geschmeidigkeit verlieren würden, Frauen hingegen ihre Schönheit. Der hohe Preis, der
anfangs für Tee gezahlt werden mußte (15–17 Schilling pro
Pfund) machte einen gewohnheitsmäßigen Gebrauch unmöglich. Tee war „ein Insignium für besondere Anlässe und
besondere Vergnügungen, ein Geschenk, das man Prinzen
und vornehmen Leuten bereitete". Trotz derartiger Rück-
schläge verbreitete sich das Teetrinken jedoch mit bewun-

dernswerter Geschwindigkeit. Londons Kaffeehäuser wurden in der ersten Hälfte des 18. Jahrhunderts wahrhaftig zu Teehäusern, Zufluchtsorte für witzige Köpfe wie Addison und Steele, die sich über einer „Schüssel Tee" die Zeit vertrieben. Das Getränk wurde bald zu einer Lebensnotwendigkeit – eine Sache, bei der es sich lohnte, eine Steuer darauf zu erheben. In diesem Zusammenhang werden wir daran erinnert, welch gewichtige Rolle der Tee in der modernen Geschichte spielt. Die amerikanischen Kolonien ergaben sich so lange der Unterdrückung, bis die menschliche Geduld angesichts der hohen Steuer, die auf Tee erhoben wurde, erschöpft war. Die amerikanische Unabhängigkeit begann damit, daß man im Hafen von Boston Teekisten ins Wasser warf.

Im Geschmack des Tees liegt ein subtiler Zauber, der sich gut dazu eignet, idealisiert zu werden. Westliche Humoristen vermischten schon bald den Geruch ihrer Gedanken mit seinem Aroma. Tee besitzt weder die Arroganz des Weines noch die Befangenheit des Kaffees noch die einfältige Unschuld von Kakao. Bereits im Jahre 1711 vermeldet der „Spectator": „Ich möchte darum allen wohlgeordneten Familien empfehlen, meine Überlegungen zu beherzigen, jeden Morgen eine Stunde mit Tee, Brot und Butter zu verbringen, und ich möchte ihnen ernsthaft raten, zu ihrem eigenen Besten diese Zeitung zu abonnieren, damit sie immer pünktlich gebracht und zu einem festen Bestandteil des Teezubehörs werden möge." Samuel Johnson bezeichnet sich selbst als einen „abgehärteten und schamlosen Teetrinker, der zwanzig Jahre lang seine Mahlzeiten nur mit einem

Aufguß aus dieser faszinierenden Pflanze verdünnte; der den Abend mit Tee genoß, sich um Mitternacht mit Tee tröstete und den Morgen mit Tee willkommen hieß".

Charles Lamb, ein bekennender Anhänger, schrieb im reinen Geist des Teeismus, sein größtes Vergnügen sei es, heimlich eine gute Tat zu vollbringen und dafür zu sorgen, daß sie zufällig ans Licht käme. Denn Teeismus ist die Kunst, die Schönheit so zu verhüllen, daß sie entdeckt werden kann, die Kunst, das vorzuschlagen, was man nicht auszusprechen wagt. Er ist das edle Geheimnis, über sich selbst zu lachen, ruhig, aber nachhaltig, und damit der Humor selbst – das Lächeln der Philosophie. Alle wahren Humoristen können in diesem Sinne als Tee-Philosophen bezeichnet werden – Thackeray zum Beispiel und natürlich Shakespeare. Die Dichter der Dekadenz (wann war die Welt nicht dekadent?) haben in ihrem Protest gegen den Materialismus dem Teeismus ebenfalls zu einem gewissen Grad zur Durchsetzung verholfen. Vielleicht ist es gegenwärtig unsere ernste Betrachtung des Unvollkommenen, die den Westen und den Osten einander in gegenseitigem Trost begegnen läßt.

Die Taoisten erzählen, daß am großen Beginn des Nicht-Beginns Geist und Materie in erbittertem Kampf aufeinandertrafen. Schließlich triumphierte der Gelbe Kaiser, die Sonne des Himmels, über Kung-kung, den Dämon des Dunkels und der Erde. Der Titan stieß im Todeskampf seinen Kopf gegen das Himmelsgewölbe und zersplitterte dessen blaue Jadekuppel. Die Sterne verloren ihren Platz, der Mond wanderte ziellos über den wilden Abgründen der Nacht. Der Gelbe Kaiser suchte verzweifelt nah und fern nach jemandem, der den Himmel wieder zusammenfügen konnte. Und er suchte nicht umsonst. Aus dem Meer des Ostens erhob sich eine Königin, die göttliche Nü-kua, gehörnt und drachenschwänzig, in einen glänzenden Panzer aus Feuer gehüllt. In ihrem Zauberkessel schweißte sie den fünffarbigen Regenbogen zusammen und baute den chinesischen Himmel wieder auf. Aber man erzählt auch, daß Nü-kua zwei winzige Ritzen im blauen Firmament zu füllen vergaß. Und so begann der Dualismus der Liebe – zwei Seelen, die sich durch Zeit und Raum bewegen und niemals zur Ruhe kommen, bevor sie nicht aufeinander treffen und das Universum vervollständigen. Jedermann hat die Aufgabe, diesen Himmel der Hoffnung und des Friedens von neuem aufzubauen.

Der Himmel der modernen Menschheit ist im zyklopenhaften Kampf um Reichtum und Macht tatsächlich zersplittert. Die Welt tastet sich durch das Dunkel aus Eigensucht und Gewöhnlichkeit. Wissen wird mit einem schlechten Gewissen erkauft, Gutwilligkeit wird praktiziert um irgendeines Nutzens willen. Der Osten und der Westen sind wie zwei Drachen, die man in einen trüben See geworfen hat und die sich vergeblich bemühen, den Edelstein des Lebens wiederzufinden. Auch heute brauchen wir wieder eine Nü-kua, die das Zerstörte wieder zusammenfügt; wir warten auf den großen Avatara. Laßt uns in der Zwischenzeit einen Schluck Tee nehmen. Der Nachmittagssonnenschein erhellt den Bambus, die Springbrunnen plätschern vergnüglich, in unserem Wasserkessel hört man das Rauschen der Pinien. Laßt uns vom Dahinschwinden träumen und uns bei der wunderbaren Narrheit der Dinge verweilen.

*Die Tee-Utensilien: Der eiserne Wasserkessel auf einem Holzkoh-
lenfeuer, das Schöpfgerät für Wasser, der Wasserbehälter aus weiß-
blauem Porzellan (er enthält Wasser zum Reinigen der Schalen), die
Teeschale mit Pinsel und Teelöffel. Rechts daneben die Dose, in der
das Teepulver aufbewahrt wird. In dem ganz rechts abgebildeten Gefäß wird später das Läppchen abgelegt, mit dem die Tee-Utensilien
gesäubert werden.*

Die Schulen des Tees

*T*ee ist ein Kunstwerk, und es bedarf der Hand eines Meisters, um seine edlen Eigenschaften zutage zu fördern. Es gibt guten und schlechten Tee, ebenso wie es gute und schlechte Gemälde gibt – meistens handelt es sich um letztere. Es gibt mehr als nur ein einziges Rezept, um perfekten Tee zuzubereiten, ebenso wie es keine festen Regeln dafür gibt, wie man einen Tizian oder einen Sesso produziert. Jede Methode, die Blätter zu behandeln, ist individuell und hat eine ganz bestimmte Beziehung zu Wasser und Hitze, ein spezifisches Erbe, das heraufbeschworen wird und ihre eigene Art, eine Geschichte zu erzählen. Das wahrhaft Schöne muß darin immer inbegriffen sein. Wie sehr leiden wir nicht unter der beständigen Unfähigkeit der Gesellschaft, dieses einfache und fundamentale Gesetz der Kunst und des Lebens anzuerkennen. Li Chihlai, ein Dichter der Sung-Dynastie, hat traurig angemerkt, daß es auf Erden drei besonders beklagenswerte Dinge gebe: die Vergeudung tüchtiger junger Menschen durch die falsche Ausbildung, die Abwertung kunstvoller Gemälde durch gewöhnliche Bewunderung und die pure Verschwendung von feinem Tee durch unwissende Verfälschung.

Wie die Kunst hat auch der Tee seine Perioden und Schulen. Seine Geschichte läßt sich grob in drei Stadien einteilen: das des Kochens, des Schlagens und des Aufbrühens. Wir Heutigen gehören der letztgenannten Schule an. Die verschiedenen Methoden, das Getränk zu genießen, spiegeln den Geist des Zeitalters wider, dem sie entstammen. Denn das Leben selbst ist Ausdruck, unsere unbewußten Handlungen verraten ständig unsere innersten Gedanken. Konfuzius hat gesagt, „der Mensch verbirgt nichts". Vielleicht enthüllen wir zuviel von uns selbst in den kleinen Dingen, weil wir so wenig Großes zu verbergen haben. Die belanglosen Kleinigkeiten der täglichen Routine sagen über die Ideale eines Volkes ebensoviel aus wie die Höhenflüge der Philosophie oder der Dichtung. Ebenso wie die verschiedenen Arten der Weinlese die jeweiligen Eigenarten verschiedener europäischer Epochen und Völker ausdrücken, so charakterisieren die Tee-Ideale die diversen Gestimmtheiten der östlichen Kultur. Die Teekuchen, die man kochte, der Pulvertee, der geschlagen wurde, und die Teeblätter, die man aufbrüht, markieren die verschiedenen gefühlsmäßigen Antriebe der chinesischen T'ang-, Sung- und Ming-Dynastie. Wollte man sich die Ausdrücke borgen, mit denen man Kunstwerke klassifiziert, so könnte man von der klassischen, der romantischen und der naturalistischen Schule des Tees sprechen.

Die Teepflanze stammt aus Südchina und war chinesischen Botanikern und Ärzten schon seit frühester Zeit bekannt. In der klassischen Literatur heißt sie T'u, Tseh,

Chung, Kia und Ming, und sie wurde gepriesen wegen ihres Vermögens, Erschöpfung zu lindern, die Seele zu erfreuen und das Augenlicht zu stärken. Die Pflanze wurde nicht nur zur inneren Einnahme verordnet, sondern häufig auch äußerlich in Form einer Salbe angewendet, um rheumatische Beschwerden zu lindern. Die Taoisten ernannten sie zu einer wichtigen Zutat des Elixiers, das Unsterblichkeit verleihen sollte. Die Buddhisten verwendeten sie in großer Menge, um eventueller Schläfrigkeit während langer Stunden der Meditation vorzubeugen.

Im 4. und 5. Jahrhundert wurde der Tee zum beliebtesten Getränk der Einwohner des Yangtsekiang-Tales. Zu dieser Zeit wurde die neuere Zeichenschrift des Ch'a geschaffen, die ganz offensichtlich eine verfälschte Variante des klassischen T'u ist. Die Dichter der südlichen Dynastien haben einige Zeugnisse ihrer glühenden Verehrung für den „Schaum des flüssigen Jade" hinterlassen. Die Kaiser pflegten einige seltene Arten von Tee an Minister zu verschenken, als Dank für herausragende Leistungen. Zu dieser Zeit war die Art des Teetrinkens jedoch äußerst primitiv. Die Blätter wurden zerstoßen, in einem Mörser zerrieben, zu einem Kuchen zusammengedrückt und gemeinsam mit Reis, Ingwer, Salz, Orangenschalen, Gewürzen, Milch und manchmal sogar Zwiebeln gekocht. Diese Art der Zubereitung findet sich gegenwärtig noch bei den Tibetern und verschiedenen mongolischen Stämmen, die aus diesen Zutaten einen seltsamen Sirup zubereiten. Die Verwendung von Zitronenschalen bei den Russen, die das Teetrinken von den chinesischen Karawanen lernten, die durch ihr Land zogen, deutet ebenfalls auf diese alte Form der Zubereitung hin.

Es war der Geist der T'ang-Dynastie, der den Tee aus diesem primitiven Zustand herausführte und schließlich dessen Idealisierung erreichte. Mit Lu Yü haben wir in der Mitte des 8. Jahrhunderts unseren ersten Apostel des Tees. Er wurde in ein Zeitalter hineingeboren, in dem Buddhismus, Taoismus und Konfuzianismus auf eine Synthese hinstrebten. Der pantheistische Symbolismus jener Zeit führte dazu, daß man im Kleinen das Universale sah. Lu Yü, ein Dichter, erkannte im Servieren des Tees dieselbe Harmonie und Ordnung, die auch alles andere beherrschte. In seinem berühmten „Ch'a-king" (die heilige Schrift vom Tee) formulierte er das Gesetz des Tees. Er wird seitdem von den chinesischen Teehändlern als ihr Schutzpatron angesehen.

Das „Ch'a-king" besteht aus drei Büchern und zehn Kapiteln. Im ersten Kapitel behandelt Lu Yü das Wesen der Teepflanze, im zweiten die Gerätschaften, die man braucht, um die Blätter zu sammeln, im dritten die Auswahl der Blätter. Seiner Meinung nach zeichnen sich die besten Blätter dadurch aus, daß sie „faltig sind wie der lederne Stiefel eines tartarischen Reiters, gewellt wie der Leib eines mächtigen Ochsen, daß sie sich entfalten wie ein Nebel, der aus einer Schlucht aufsteigt, schimmern wie ein See, der von einem Zephyr gestreift wird, und naß und weich sind wie gute Erde, die frisch vom Regen getränkt ist".

Das vierte Kapitel widmet sich einer Aufzählung und Beschreibung aller vierundzwanzig Gerätschaften, die man zur Teezubereitung benötigt, von der dreibeinigen Kohlen-

pfanne bis hin zu dem Bambusschränkchen, das der Aufbe-
wahrung aller dieser Utensilien dient. Lu Yüs Vorliebe für taoistische Symbole ist dabei unübersehbar. Es ist in diesem
Zusammenhang auch interessant, sich mit dem Einfluß des
Tees auf die chinesische Keramik zu befassen. Das chinesische Porzellan ist, wie allgemein bekannt ist, aus dem Versuch entstanden, das besondere Schimmern des Jade nach-
zuahmen. In der T'ang-Dynastie wurde daraus der blaue
Schimmer des Südens und der weiße Schimmer des Nor-
dens. Lu Yü betrachtete Blau als ideale Farbe für die Teeschale, weil sie die grüne Farbe des Getränks noch ver-
stärkte, während weißes Porzellan den Tee rosafarben und
ekelerregend aussehen lasse. Das rührt daher, daß er Teekuchen verwendete. Später, als die Meister der Sung-Dynastie sich dem Pulvertee zuwendeten, zogen sie schwere
blauschwarze oder dunkelbraune Schalen vor. Die Ming-
Dynastie mit ihren aufgebrühten Teeblättern erfreute sich
an zartem weißem Porzellan.

Im fünften Kapitel beschreibt Lu Yü die Zubereitung des
Tees. Er befreit den Tee von allen fremden Zutaten außer
Salz. Er beschäftigt sich darüber hinaus intensiv mit der viel-
diskutierten Frage, welches Wasser zu verwenden sei und
bis zu welchem Grad es kochen sollte. Seiner Meinung
nach ist Wasser, das in den Bergen entspringt, das beste. An
zweiter und dritter Stelle folgen das Wasser aus Flüssen und
gewöhnliches Quellwasser. Es gibt drei Stadien des Kochens: Das erste Stadium ist erreicht, wenn kleine Blasen,
die wie Fischaugen aussehen, auf der Wasseroberfläche
schwimmen; das zweite, wenn die Blasen wie Perlen aus

Kristall in einem Springbrunnen aussehen, und das dritte, wenn das Wasser im Kessel Wellen bildet und wild rauscht. Der Teekuchen wird über dem Feuer geröstet, bis er weich wird wie der Arm eines Babys, dann wird er zwischen zwei Stücken feinen Papiers zerrieben. Im ersten Stadium des Kochens wird dem Wasser Salz hinzugefügt, im zweiten der Tee. Im dritten Stadium wird eine Kelle kalten Wassers in den Kessel gegeben, damit der Tee sich absetzt und die „Jugend des Wassers" neu belebt wird. Dann wurde das Getränk in Schalen gegossen und getrunken. O Nektar! Die hauchdünnen Blättchen hingen wie kleine Wolken an einem heiteren Himmel oder schwammen wie Wasserlilien auf Smaragdströmen. Es war diese Art von Getränk, von dem Lu T'ung, ein Dichter der T'ang-Dynastie, schrieb: „Die erste Schale befeuchtet meine Lippen und meine Kehle, die zweite Schale durchbricht meine Einsamkeit, die dritte Schale ergründet meine dürren Eingeweide, um darin etwa fünftausend Arten seltsamer Zeichen zu finden. Die vierte Schale führt zu einem leichten Schwitzen – alle Verfehlungen des Lebens treten durch meine Poren aus mir aus. Bei der fünften Schale bin ich gereinigt; die sechste Schale ruft mich ins Königreich der Unsterblichkeit. Die siebte Schale – ah, aber ich könnte nicht mehr weitertrinken! Ich fühle, wie sich in meinen Ärmeln ein kühler Wind erhebt. Wo ist der Horaisan[1]? Laß mich auf seinem süßen Hauch reiten und mich von ihm dorthin wehen lassen."

In den verbleibenden Kapiteln des „Ch'a-king" finden sich eine Abhandlung über die Vulgarität der gewöhnlichen Formen des Teetrinkens, ein Überblick über berühmte Tee-

trinker im Lauf der Geschichte, über die chinesischen Tee-
plantagen, mögliche Variationen des Teegeschirrs und Illu-
strationen der Tee-Utensilien. Das letzte Kapitel ist leider
verlorengegangen.

Das Erscheinen des „Ch'a-king" muß seinerzeit beträchtliches Aufsehen erregt haben. Lu Yü war mit dem Kaiser T'ai-tsung (763–779) befreundet, und sein Ruhm zog
viele Nachahmer an. Es heißt, daß einige vorzügliche Kenner in der Lage gewesen seien, Tee, der von Lu Yü zubereitet worden war, von solchem zu unterscheiden, den seine
Schüler gemacht hatten. Ein Mandarin erlangte Unsterblichkeit durch seine Unfähigkeit, den Tee seines großen
Meisters zu erkennen.

In der Sung-Dynastie kam der geschlagene Tee in Mode
und führte zur Bildung der zweiten Schule des Tees. Die
Teeblätter wurden in einer kleinen steinernen Mühle zu feinem Puder zermahlen, das dann mit Hilfe eines feinen, aus
gespaltenem Bambus bestehenden Schneebesens in heißem
Wasser aufgeschlagen wurde. Diese neue Vorgehensweise
brachte Veränderungen in den von Lu Yü beschriebenen
Utensilien ebenso wie in der Auswahl der Blätter mit sich.
Das Salz wurde für immer aus dem Katalog der Zutaten verbannt. Die Begeisterung der Sung-Dynastie für Tee kannte
keine Grenzen. Feinschmecker versuchten einander in immer neuen Variationen der Zubereitung gegenseitig zu über-
treffen, und es wurden regelmäßig Turniere abgehalten, auf
denen sich entscheiden sollte, wem der Vorrang gebührte.
Der Kaiser Hui-tsung (1101–1124), der zu sehr Künstler
war, um ein maßvoller Herrscher sein zu können, ver-

45

schwendete seinen Reichtum auf den Erwerb seltener Arten von Tee. Er selbst schrieb eine Abhandlung über die zwanzig Arten von Tee, unter denen er den „weißen Tee" als seltenste und hochwertigste Sorte preist.

Das Tee-Ideal der Sung-Menschen unterschied sich von demjenigen der T'ang-Dynastie selbst in seiner Auffassung des Lebens. Die Sung-Dynastie versuchte zu verwirklichen, was die Vorfahren zu symbolisieren versucht hatten. Für den Neo-Konfuzianismus spiegelte die gegenständliche Welt nicht das kosmische Gesetz wider, sondern die Welt der Erscheinungen war selbst dieses Gesetz. Ganze Zeitalter waren nichts als Augenblicke – das Nirvana lag beständig in Reichweite. Die taoistische Auffassung, daß Unsterblichkeit im beständigen Wandel liege, durchdrang das gesamte Denken dieser Dynastie. Was interessierte, war der Prozeß, nicht die Tat. Die Vervollständigung und nicht die Vollständigkeit war das wirklich Bedeutsame. So sah sich die Menschheit unvermittelt Auge in Auge der Natur gegenüber. Der Kunst des Lebens wuchs eine neue Bedeutung zu. Der Tee war nicht mehr nur ein poetischer Zeitvertreib, sondern eine Methode der Selbstverwirklichung. Wang Yü-cheng pries den Tee dafür, daß „er wie ein unmittelbarer Reiz die Seele durchströmt, und daß seine feine Bitterkeit an den Nachgeschmack eines guten Ratschlages" erinnere. Su Tung-p'o schrieb von der Stärke, die in der unbefleckten Reinheit des Tees liege und die Verderbnis ebenso gut zu bekämpfen vermöge wie ein wahrhaft tapferer Mann. Unter den Buddhisten schuf die südliche Zen-Gruppierung, die viele der taoistischen Prinzipien übernommen hatte, ein elaboriertes Tee-Ritual. Die Mönche versammelten sich vor dem Bild des Bodhidharma und tranken den Tee aus einer einzelnen Schale, mit der tiefen Formalität eines heiligen Sakramentes. Dieses Zen-Ritual entwickelte sich schließlich im 15. Jahrhundert zur japanischen Teezeremonie.

Die plötzliche Erhebung der Mongolenstämme im 13. Jahrhundert, in deren Zuge China erobert und unter der Herrschaft der barbarischen Yüan-Kaiser verwüstet wurde, zerstörte unglücklicherweise auch die Früchte der Sung-Kultur. Die einheimische Dynastie der Ming, die sich in der Mitte des 15. Jahrhunderts um eine Renationalisierung bemühte, hatte mit inneren Unruhen zu kämpfen, und China fiel im 17. Jahrhundert erneut der Fremdmacht der Mandschu zu. Die Gebräuche veränderten sich so grundlegend, daß keine Spur der früheren Zeiten mehr zurückblieb. Der Pulvertee gerät völlig in Vergessenheit. Ein Kommentator der Ming-Zeit sieht sich außerstande, die Form des Schneebesens zu beschreiben, der in einer der Schriften aus der Sung-Dynastie erwähnt wird. Tee wird nunmehr zubereitet, indem man die Blätter in einer Schale oder Tasse in heißem Wasser aufbrüht. Der Grund dafür, daß die westliche Welt die ältere Form der Teezubereitung nicht kennt, liegt darin, daß der Tee um die Zeit der Ming-Dynastie nach Europa kam.

In neuester Zeit gilt Tee in China als köstliches Getränk, jedoch nicht als Ideal. Das langanhaltende Leid ihres Landes hat die Menschen der Kraft beraubt, sich auf die Suche nach dem Sinn des Lebens zu machen. Sie sind modern gewor-

den, will sagen: alt und desillusioniert. Sie haben den subli-
men Glauben an Ideale verloren, die Grundlage der ewigen
Jugend und Lebenskraft der Dichter und der Menschen aus
alter Zeit waren. Sie sind Eklektiker und akzeptieren höflich
die Traditionen des Universums. Sie spielen mit der Natur,
aber sie lassen sich nicht dazu herab, sie zu erobern oder zu
verehren. Ihr Blätter-Tee hat vielfach ein wunderbar blumi-
ges Aroma, aber die Romantik der T'ang- und der Sung-Zeit
geht ihm ab.

Japan, das in die Fußstapfen der chinesischen Zivilisation
trat, hat alle drei Stadien der Entwicklung des Tees mitvoll-
zogen. Bereits im Jahre 729 lesen wir vom Kaiser Shômu,
daß er einhundert Mönchen in seinem Palast in Nara Tee
servieren ließ. Die Teeblätter wurden wahrscheinlich von
den japanischen Botschaftern am T'ang-Hof nach Japan gebracht und jeweils in der Weise zubereitet, die gerade in
Mode war. Im Jahre 801 brachte der Mönch Saichô einige
Samen mit und pflanzte sie in Yeisan. Die folgenden Jahrhunderte wissen von zahlreichen Teegärten zu berichten
und ebenso von dem Genuß, den Adel und Priesterschaft
aus diesem Getränk zogen. Der Sung-Tee erreichte Japan im
Jahre 1191 mit der Rückkehr Eisai-zenjis, der dorthin ge-
gangen war, um die südliche Ausformung der Zen-Lehre zu
studieren. Die neuen Samen, die er mitbrachte, wurden an
drei Orten erfolgreich angepflanzt, unter denen der Uji-
Distrikt in der Nähe Kyôtos auch heute noch den Ruf genießt, daß von dort der beste Tee der Welt kommt. Die südliche Schule des Zen verbreitete sich mit bemerkenswerter
Geschwindigkeit, und mit ihr das Tee-Ritual und -Ideal der

Sung-Zeit. Im 15. Jahrhundert, unter der Herrschaft des Shogun Ashikaga Yoshimasa gelangt die Teezeremonie zu ihrer vollen Ausformung und wird zu einer unabhängigen weltlichen Verrichtung. Seit dieser Zeit ist der Teeismus in Japan fest etabliert. Die Verwendung aufgebrühter Teeblätter, wie sie später in China üblich war, findet sich in Japan vergleichsweise selten und ist erst seit dem späten 17. Jahrhundert bekannt. Beim alltäglichen Gebrauch hat diese Verwendungsform den Pulvertee ersetzt, obwohl dieser nach wie vor als bester aller Tees gilt.

In der japanischen Teezeremonie findet eine Kulmination der Tee-Ideale statt. Der erfolgreiche Widerstand Japans gegen die mongolische Invasion im Jahre 1281 hat es uns ermöglicht, die Sung-Tradition fortzusetzen, die in China selbst durch den Einfall der Nomaden so nachhaltig zerstört wurde. Bei uns wurde aus dem Tee mehr als nur die Idealisierung einer bestimmten Form, ihn zu genießen; er wurde zu einer Religion der Lebenskunst. Das Getränk vermochte als Rechtfertigung für die Verehrung von Reinheit und Bildung zu dienen; sein Genuß wurde zu etwas Geheiligtem, in dem sich Gastgeber und Gast zum äußersten Genuß der Dinge der Welt zusammenfanden. Der Teeraum war eine Oase inmitten der düsteren Öde des Daseins, wo müde Reisende einander treffen konnten, um sich gemeinsam an der Wertschätzung der Kunst zu laben. Die Zeremonie war ein improvisiertes Theaterstück, dessen Handlung sich um den Tee drehte, um Blumen und Gemälde. Keine einzige Farbe durfte die Atmosphäre des Raumes stören, kein Ton den Rhythmus der Dinge stören, keine Geste die Harmonie beeinträchtigen, kein Wort die Einheitlichkeit der umgebenden Gegenstände durchbrechen; alle Bewegungen waren auf einfache und natürliche Weise auszuführen – das waren die Ziele der Teezeremonie. Und seltsamerweise wurden sie oftmals erreicht. Hinter alledem lag eine subtile Philosophie. Teeismus war verkleideter Taoismus.

Der Teemeister gibt das Teepulver in die Schale.

Taoismus und Zen

*D*ie Verbindung von Zen und Tee ist geradezu sprichwörtlich. Wir haben bereits angemerkt, daß die Teezeremonie sich aus einem Zen-Ritual entwickelte. Der Name Lao-tses, des Gründers des Taoismus, ist ebenso eng mit der Geschichte des Tees verknüpft. In einem chinesischen Lehrbuch, das sich mit dem Ursprung der Sitten und Gebräuche befaßt, ist zu lesen, daß die Zeremonie, einem Gast Tee anzubieten, mit Kuan Yin ihren Anfang nahm, einem bekannten Schüler Lao-tses, der dem „Alten Philosophen" im Tor des Han-Passes zum ersten Mal eine Tasse des goldfarbenen Elixiers angeboten haben soll. Wir sollten uns nicht damit aufhalten, die Authentizität derartiger Erzählungen zu hinterfragen, die ihren Wert darin haben, daß sie den frühen Gebrauch des Getränks durch die Taoisten bezeugen. Unser Interesse am Taoismus und am Zen konzentriert sich hauptsächlich auf die Ideale des Lebens und der Kunst, die in dem, was wir Teeismus nennen, in so hohem Maße verkörpert sind.

Es ist zu bedauern, daß es bislang keine angemessene Darstellung der Ideale des Taoismus und des Zen in auslän-

discher Sprache gibt, obwohl es dazu bereits einige aner-
kennenswerte Ansätze gab.

Übersetzung ist immer Verrat und kann, wie ein Ming-
Autor richtig bemerkt, bestenfalls die Rückseite eines Bro-
katstoffs sein: Alle Fäden sind erkennbar, nicht jedoch die
Feinheiten von Farbe oder Muster. Aber welche Lehre ist
schließlich leicht zu erklären? Die Weisen früherer Zeiten
faßten ihre Lehren niemals in eine systematische Form. Sie
sprachen in Paradoxa, denn sie fürchteten sich davor, Halb-
wahrheiten zu äußern. Sie begannen wie Narren zu reden
und machten am Ende ihre Zuhörer zu Weisen. Lao-tse
selbst sagt mit seinem wunderlichen Humor: „Wenn Menschen von geringem Verstand vom Tao hören, müssen sie
schrecklich lachen. Es wäre nicht das Tao, würden sie nicht
darüber lachen."

Tao bedeutet wörtlich übersetzt „Pfad". Es wurde vielfach übersetzt als der Weg, das Absolute, das Gesetz, das
Wesen, der Höchste Grund, die Art und Weise. Diese Übersetzungen sind nicht falsch, denn bei den Taoisten variiert
der Gebrauch des Wortes je nach dem Gegenstand, um den
es geht. Lao-tse selbst sprach in folgender Weise darüber:
„Es gibt etwas, das alles andere enthält, das vor Himmel und
Erde existierte. Wie still! Wie einzigartig! Es steht ganz für
sich und ist unveränderlich. Es dreht sich, ohne daß eine
Gefahr für es selbst bestünde und ist die Mutter des Universums. Ich kenne seinen Namen nicht und nenne es darum den Pfad. Nicht ohne Zögern nenne ich es Unendlichkeit. Unendlichkeit ist das Vergängliche, das Vergängliche
ist das Schwindende, das Schwindende ist das, was sich um-

kehrt." Das Tao liegt eher im Vorübergehen als im Pfad. Es
ist der Geist des kosmischen Wandels – das ewige Wachs-
tum, das immer wieder in sich selbst zurückkehrt, um neue
Formen zu bilden. Es prallt von sich selbst zurück wie der
Drachen, dieses von den Taoisten so sehr geliebte Symbol.
Es faltet und entfaltet sich wie die Wolken. Man kann das
Tao auch den großen Übergang nennen. Subjektiv ist es die
Stimmung des Universums. Sein Absolutes ist das Relative.

Man sollte in erster Linie nicht vergessen, daß der Taoismus, ebenso wie Zen als dessen legitimer Nachfolger, den
individualistischen Zug des südlichen China repräsentiert,
der im Gegensatz steht zum Kommunismus Nordchinas,
der im Konfuzianismus seinen Ausdruck gefunden hat. Das
Reich der Mitte ist ebenso groß wie Europa und weist eine
Zweiteilung seiner Eigenarten auf, die durch die beiden
großen Flüsse, die es durchqueren, markiert wird. Der
Yangtsekiang und der Huang-ho lassen sich dem Mittelmeer
und der Nordsee vergleichen. Selbst heute noch, nach jahr-
hundertelanger Einigung, unterscheiden sich die Bewohner
Südchinas in ihren Anschauungen und in ihrer Denkweise
von ihren nördlichen Brüdern ebensosehr wie ein Vertreter
der lateinischen Rasse von einem Teutonen. In früheren Zeiten, als die Kommunikation noch schwieriger war als heute, und ganz besonders während der Feudalzeit trat dieser
Unterschied der Denkweise am stärksten zutage. Die Kunst
und Dichtung des einen Landesteiles atmet einen völlig anderen Geist als die des anderen. In Lao-tse und seinen Nach-
folgern und in Ch'ü Yüan, dem Vorläufer der Naturdichter
vom Yangtsekiang, erkennen wir einen Idealismus, der sich

mit den prosaischen ethischen Vorstellungen zeitgenössischer nördlicher Schriftsteller kaum vereinbaren läßt. Lao-tse lebte fünf Jahrhunderte vor dem Beginn des Christentums.

Der Keim taoistischen Denkens läßt sich bis weit vor Lao-tse, den man den „Langohrigen" nannte, zurückverfolgen. Die alten chinesischen Schriften, ganz besonders das „Buch der Wandlungen", kündigen seine Art zu denken bereits an. Aber da man zu dieser klassischen Periode der chinesischen Zivilisation, die in der Chou-Dynastie im 12. Jahrhundert v. Chr. ihren Höhepunkt fand, großen Wert auf Regeln und Gebräuche legte, blieb der Individualismus für lange Zeit unter Kontrolle, und erst nach der Auflösung der Chou-Dynastie und der Errichtung zahlloser unabhängiger Fürstentümer konnte er sich ungehindert weiterentwickeln. Lao-tse und Sôshi (Chuang-tse) stammten beide aus dem Süden und waren die bedeutendsten Vertreter der neuen Schule. Auf der anderen Seite strebte Konfuzius mit der Vielzahl seiner Schüler nach einer Erhaltung der alten Gebräuche. Der Taoismus läßt sich ohne eine gewisse Kenntnis des Konfuzianismus nicht verstehen und umgekehrt.

Wir sagten bereits, daß das Absolute des Taoismus das Relative war. In ethischen Fragen schimpften die Taoisten auf die Gesetze und moralischen Festschreibungen der Gesellschaft, denn für sie waren 'richtig' und 'falsch' nichts als relative Begriffe. Definition ist immer Begrenzung – das „Feste" und „Unwandelbare" sind nichts weiter als Begriffe, die ein Anhalten des Wachstums ausdrücken. Ch'ü Yüan sagte: „Die Weisen bewegen die Welt". Unsere moralischen

Grundsätze sind aus vergangenen gesellschaftlichen Bedürfnissen erwachsen, aber muß eine Gesellschaft immer gleich
bleiben? Das Beachten gemeinschaftlicher Vorschriften
bedeutet für das Individuum ein ständiges Opfer an den
Staat. Erziehung, mit deren Hilfe eine machtvolle Illusion
aufrechterhalten werden soll, erzeugt eine unwissende
Menschheit. Den Menschen wird nicht beigebracht, sich
wirklich tugendhaft zu verhalten, sondern sich anständig zu
benehmen. Wir sind sündhaft, weil wir in furchterregender
Weise gehemmt sind. Wir vergeben anderen niemals, weil
wir wissen, daß wir selbst im Unrecht sind. Wir nähren
einen Glauben, weil wir uns davor fürchten, anderen die
Wahrheit zu sagen; wir flüchten uns in unseren Stolz, weil
wir fürchten, uns selbst die Wahrheit einzugestehen. Wie
kann man der Welt gegenüber ernsthaft sein, wenn die Welt
selbst so lächerlich ist! Überall herrscht der Krämergeist.
Ehre und Keuschheit! Schaut den selbstzufriedenen Kauf-
mann an, wie er das Gute und Wahre Stück für Stück wei-
terverkauft. Selbst sogenannte Religion kann man käuflich
erwerben, die in Wirklichkeit nichts weiter ist als gängige
Moralvorstellungen, die man mit Musik und Blumen gehei-
ligt hat. Nehmt der Kirche ihre Requisiten, und was bleibt
dann davon übrig? Dennoch sind die Gläubigen bemerkenswert strebsam, denn die Preise sind geradezu absurd
niedrig – ein Gebet für einen Fahrschein ins Paradies, ein
Diplom für eine Stellung als ehrbarer Bürger. Stellt euer
Licht nur schnell unter den Scheffel, denn wenn eure
tatsächliche Nutzlosigkeit an den Tag käme, würdet ihr nur
allzu schnell vom öffentlichen Auktionator meistbietend

verkauft. Warum preisen Männer und Frauen sich selbst so gern an? Sollte es nichts als ein Instinkt sein, der aus den Tagen der Sklaverei übriggeblieben ist?

Die Durchsetzungsfähigkeit einer Idee ist ebensosehr in ihrer Fähigkeit begründet, zeitgenössisches Denken zu durchbrechen wie darin, beherrschend für nachfolgende Bewegungen zu werden. Der Taoismus war während der Ch'in-Dynastie wirksam, derjenigen Periode der Einigung Chinas, aus der sich der Name des Landes herleitet. Es wäre interessant, den Einfluß des Taoismus auf die zeitgenössischen Denker zu untersuchen, auf die Mathematiker, die Schriften zum Recht und zur Kriegsführung, auf die Mystiker und Alchemisten und die späteren Naturdichter des Yangtsekiang. Wir sollten dabei nicht einmal diejenigen Denker außer acht lassen, die sich fragten, ob ein weißes Pferd real sei, weil es weiß ist oder weil es etwas Körperliches ist, und auch nicht jene Gesprächsphilosophen der Sechs Dynastien, die ebenso wie die Philosophen des Zen in Diskussionen über das Reine und das Abstrakte schwelgten. Vor allem sollten wir dem Taoismus unsere Ehre dafür erweisen, was er für die Herausbildung des chinesischen Charakters getan hat, indem er ihm in gewissem Maße die Fähigkeit zur Zurückhaltung und zur Verfeinerung verlieh, „so warm wie Jade". Es gibt in der chinesischen Geschichte eine Fülle von Beispielen dafür, daß die Anhänger des Taoismus, ganz gleich ob Fürsten oder Einsiedler, mit verschiedenen und interessanten Ergebnissen den Lehren ihres Glaubens folgten. Wollte man alle diese Beispiele schildern, so würde es nicht an lehrreichen und amüsanten Zitaten

fehlen. Die Schilderung würde eine Vielzahl von Anekdo-
ten, Allegorien und Aphorismen enthalten. Gerne wären
wir oberflächlich bekannt mit jenem herrlichen Kaiser, der
niemals starb, weil er niemals lebte. Wir würden gemeinsam mit Lieh-tse auf dem Wind reiten und ihn als ganz ruhig empfinden, weil wir selbst der Wind sind, oder wir würden uns in den mittleren Gefilden der Luft mit dem Alten
vom Huang-ho ergötzen, der zwischen Himmel und Erde
lebte, weil er weder dem einen noch dem anderen unterworfen war. Selbst in dieser grotesken Verteidigung des Taoismus, die wir gegenwärtig in China vorfinden, könnten wir
noch schwelgen, weil sich dort eine Vielfalt von Bildern findet, die in jeder anderen Religion unvorstellbar wäre.

Aber der wichtigste Beitrag des Taoismus zum asiatischen Leben ist im Reich der Kunst zu suchen. Chinesische
Historiker haben den Taoismus stets als die „Kunst des In-
der-Welt-Seins" bezeichnet, denn er befaßt sich mit der Gegenwart – mit uns selbst. In uns treffen sich Gott und Natur,
und das Gestern scheidet sich vom Morgen. Die Gegenwart
ist die sich bewegende Unendlichkeit, der rechtmäßige Bereich des Relativen. Relativität strebt nach Anpassung; Anpassung ist Kunst. Die Kunst des Lebens besteht in einer
konstanten Neuanpassung an unsere Umgebung. Der Taoismus akzeptiert die weltlichen Dinge als das, was sie sind,
und versucht, anders als die Konfuzianisten und die Buddhisten, die Schönheit in unserer Welt des Leides und der
Sorge zu entdecken. Die aus der Sung-Zeit stammende Allegorie von den drei Männern, die Essig probierten, spricht
in bewundernswerter Weise die Grundzüge der drei Lehren

aus: Sakyamuni, Konfuzius und Lao-tse standen einst vor einem Krug mit Essig – dem Sinnbild des Lebens –, und jeder von ihnen tauchte seinen Finger hinein, um das Gebräu zu probieren. Konfuzius stellte in seiner nüchternen Art fest, daß es sauer sei, der Buddha nannte es bitter, und Lao-tse fand es süß.

Die Taoisten waren der Ansicht, daß die Komödie des Lebens interessanter wäre, wenn jeder die Einheiten wahren würde. Die Dinge im rechten Verhältnis zueinander zu sehen und anderen Raum zu lassen, ohne seinen eigenen Stand zu verlieren, war im weltlichen Drama das Geheimnis des Erfolgs. Wir müssen das gesamte Stück kennen, um unsere Rolle richtig spielen zu können; die Gesamtheit darf niemals im Individuellen verlorengehen. Lao-tse verdeutlicht dies in seiner Lieblingsmetapher vom Vakuum. Er sagte, daß nur im Vakuum das wahrhaft Wesentliche liege. Die Wirklichkeit eines Raumes sei zum Beispiel zu finden im leeren Raum, den die Wände und das Dach umschließen, nicht in den Wänden und dem Dach selbst. Der Nutzen eines Wasserkruges liege in der Leere, in die Wasser hineingegossen werden kann, nicht in der Form des Kruges oder dem Material, aus dem er besteht. Das Vakuum ist allmächtig, denn es enthält alles. Nur im Vakuum wird Bewegung möglich. Ein Mensch, der aus sich selbst ein Vakuum machte, in das andere ungehindert eintreten könnten, wäre Herr jeder möglichen Situation. Das Ganze kann immer den Teil beherrschen.

Diese taoistischen Ideen haben alle unsere Vorstellungen vom Handeln nachhaltig beeinflußt, selbst diejenigen des

Kämpfens und Fechtens. Das Jiu-Jitsu, die japanische Kunst der Selbstverteidigung, verdankt seinen Namen einer Passage im „Tao-te-king". Im Jiu-Jitsu versucht man dem Gegner die Stärke zu nehmen und ihn zu erschöpfen, indem man keinen Widerstand leistet und gleichzeitig seine eigenen Kräfte schont, um aus dem abschließenden Kampf als Sieger hervorzugehen. In der Kunst wird die Bedeutung desselben Prinzips durch den Stellenwert der Suggestion verdeutlicht. Indem etwas unausgesprochen bleibt, erhält der Betrachter die Möglichkeit, die Idee zu vervollständigen, und so fordert ein großes Meisterwerk unsere Aufmerksamkeit in unwiderstehlicher Weise heraus, bis wir tatsächlich ein Teil von ihm zu werden scheinen. Es gibt ein Vakuum, in das du eintreten kannst, um es mit dem vollen Maß deines ästhetischen Empfindens zu füllen.

Derjenige, der die Kunst des Lebens beherrscht, ist der wahrhafte Taoist. Er tritt bei seiner Geburt ins Leben ein, nur um im Tod zur Wirklichkeit zu erwachen. Er mäßigt sein eigenes Licht, um so in die Dunkelheit der anderen eingehen zu können. Er ist „widerwillig wie einer, der im Winter einen Strom überquert; er zögert wie einer, der sich vor seinen Nachbarn fürchtet; er ist respektvoll wie ein Gast; er zittert wie Eis, das gerade zu schmelzen beginnt; er ist anspruchslos wie ein unbearbeitetes Stück Holz, offen wie ein Tal, formlos wie aufgewühltes Wasser". Die drei Juwelen des Lebens sind für ihn Mitleid, Sparsamkeit und Bescheidenheit.

Wenn wir uns nun der Lehre des Zen zuwenden, so bemerken wir, daß dort die Lehren des Taoismus noch stärker betont werden. Der Name Zen leitet sich von dem Sanskrit-Wort dhyana her, das Meditation bedeutet. Nach der Zen-Lehre kann man höchste Selbstverwirklichung erlangen, indem man sich der Meditation widmet. Meditation gilt als einer der sechs Wege, auf denen sich Buddhaschaft erlangen läßt, und die Anhänger der Zen-Lehre betonen, daß Sakyamuni in seinen späteren Lehren besonderen Wert auf diese Methode gelegt habe, deren Regeln er an seinen Meisterschüler Kashyapa weitergab. Nach ihrer Überlieferung gab Kashyapa, der erste Patriarch des Zen, das Geheimnis an Ananda weiter, der es wiederum an die nachfolgenden Patriarchen tradierte, bis es Bodhidharma erreichte, den achtundzwanzigsten Patriarchen. Bodhidharma kam in der ersten Hälfte des 6. Jahrhunderts nach Nordchina und war der erste Patriarch des chinesischen Zen. Über die Geschichte dieser Patriarchen und ihrer Lehren ist nur weniges sicher übermittelt. In ihrer Philosophie scheint die frühe Zen-Lehre einerseits mit dem indischen Negativismus des Nagarjuna verwandt zu sein, andererseits mit der Advaita-Philosophie, wie sie von Shankara formuliert wurde. Die erste Lehre des Zen in seiner heutigen Form geht auf den sechsten chinesischen Patriarchen Hui-neng zurück (637–713), den Gründer der südlichen Schule des Zen, die ihren Namen der Vorrangstellung verdankt, die sie in Südchina einnimmt. Unmittelbar auf Hui-neng folgte der große Ma-tsu (gestorben 788), der Zen zu einem lebendigen Einflußfaktor auf das chinesische Leben machte. Pai-chang (719–814), der Schüler Basos, gründete erstmalig ein Zen-Kloster und schuf die Rituale und Regeln, nach denen es geführt werden sollte. In der Zeit nach Ma-tsu findet sich in den Diskussionen der Zen-Schule die spielerische Denkweise des Geistes der Yangtsekiang-Zeit, was dazu führte, daß nun im Gegensatz zu dem früheren indischen Idealismus auch einheimische Denkweisen in die Philosophie des Zen eingingen. So sehr eingefleischte Anhänger des Zen auch das Gegenteil behaupten mögen – die Ähnlichkeit der südlichen Zen-Lehre mit den Lehren Lao-tses und der taoistischen Gesprächsphilosophie ist augenfällig. Bereits im „Tao-te-king" finden wir Andeutungen in bezug auf die Bedeutsamkeit einer Konzentration auf das Selbst und die Notwendigkeit, den Atem richtig zu steuern – Aspekte, die für die Praxis der Zen-Meditation von essentieller Bedeutung sind. Einige der besten Kommentare zum Buch Lao-tses sind von Zen-Gelehrten verfaßt worden.

Die Zen-Lehre ist ebenso wie der Taoismus die Verehrung der Relativität. Ein Meister hat Zen als die Kunst beschrieben, den Polarstern am südlichen Himmel zu spüren. Die Wahrheit kann nur durch das Verstehen der Gegensätze erreicht werden. Eine weitere Gemeinsamkeit des Zen mit dem Taoismus liegt darin, daß beide Lehren in hohem Maße Verfechter des Individualismus sind. Nichts ist wirklich außer dem, was die Tätigkeit unseres eigenen Geistes betrifft. Hui-neng, der sechste Patriarch, sah eines Tages, wie zwei Mönche dem Flattern der Fahne auf dem Dach einer Pagode zusahen. Einer der Mönche sagte: „Es ist der Wind, der sich bewegt." Der andere sagte: „Die Fahne ist es, die sich bewegt." Hui-neng jedoch erklärte ihnen, daß die wahre Bewegung weder im Wind noch in der Fahne liege, sondern in etwas, das Teil ihres eigenen Geistes sei. Pai-chang ging mit einem seiner Schüler durch den Wald, als sie einen Hasen sahen, der davonlief, als sie sich näherten. „Warum flieht der Hase vor dir?" fragte Pai-chang. Die Antwort lautete: „Weil er sich vor mir fürchtet." „Nein", sagte der Meister, „er flüchtet, weil du einen mörderischen Instinkt in dir trägst." Dieser Dialog erinnert an ein überliefertes Gespräch des Taoisten Sôshi (Chuangste). Dieser ging eines Tages mit einem Freund am Ufer eines Flusses spazieren. „Welche Freude die Fische im Wasser an sich selbst haben!" rief Sôshi aus. Sein Freund antwortete: „Du bist kein Fisch – wie willst du wissen, daß die Fische sich an sich selbst freuen!" „Du bist nicht ich", erwiderte Sôshi, „wie willst du wissen, ob ich weiß, daß die Fische sich an sich selbst freuen?"

Zen stand vielfach im Gegensatz zu den Regeln des orthodoxen Buddhismus, ebenso wie der Taoismus dem Konfuzianismus entgegengesetzt war. Nach der transzendentalen Einsicht des Zen waren Worte nichts als ein Hindernis der Gedanken und die Gesamtheit der buddhistischen Schriften nichts als Kommentare, die auf persönlicher Spekulation beruhten. Die Anhänger des Zen strebten eine direkte Verbindung zur inneren Natur der Dinge an und betrachteten die äußerlichen Eigenschaften der Dinge lediglich als Hindernisse für eine unverfälschte Wahrnehmung der Wahrheit. Diese Vorliebe für das Abstrakte führte dazu, daß die Zen-Anhänger Schwarzweißzeichnungen den sorgfältig ausgearbeiteten Farbzeichnungen des klassischen Buddhismus vorzogen. Einige Anhänger des Zen wurden

aufgrund ihres Bestrebens, den Buddha in sich selbst zu erkennen anstatt durch Bilder und Symbole, sogar zu Bilder-
stürmern. So zerstörte Tanka-oshô eine hölzerne Buddha-
Statue, um an einem Wintertag ein Feuer zu machen.
„Welch ein Sakrileg!" sagte ein zutiefst bestürzter Zeuge.
„Ich will aus der Asche den shari gewinnen", antwortete
der Zen-Anhänger ruhig. „Aber du wirst den shari ganz ge-
wiß nicht aus dieser Statue gewinnen!" lautete die verär-
gerte Antwort, worauf Tanka erwiderte: „Sollte dies nicht
der Fall sein, dann war die Statue ganz sicher kein Buddha,
und ich begehe kein Sakrileg." Darauf wandte er sich ab,
um sich am Feuer zu wärmen.

Ein besonderer Beitrag des Zen zum östlichen Denken
liegt darin, daß es dem Weltlichen die gleiche Wichtigkeit
beimißt wie dem Geistigen. Es wurde davon ausgegangen,
daß es im Verhältnis aller Dinge zueinander keine Unterscheidung in Großes und Kleines gebe und daß ein Atom die
gleichen Qualitäten besitze wie das Universum. Derjenige,
der nach Vollkommenheit strebt, muß in seinem eigenen
Leben den Widerschein des inneren Lichtes erkennen. Diese Grundannahme war für das Leben in einem Zen-Kloster
von hoher Bedeutung. Jedem Mitglied außer dem Abt war
eine spezielle Aufgabe bei der Instandhaltung des Klosters
zugeteilt, und seltsamerweise waren die Novizen für die
leichteren Aufgaben zuständig, während die am weitesten
fortgeschrittenen und geachtetsten Mönche die mühsame-
ren und niedrigen Arbeiten zu verrichten hatten. Derartige
Dienste waren Teil der Zen-Lehre, und jede dieser Aufgaben
mußte absolut perfekt ausgeführt werden. Auf diese Weise

ergab sich aus dem Jäten des Gartens, dem Schälen einer Rübe oder dem Servieren des Tees manch eine gewichtige Diskussion. Das Ideal des Teeismus rührt in seiner Gesamtheit von dieser Zen-Konzeption der Größe her, die noch in den kleinsten Verrichtungen des Lebens liegt. Der Taoismus errichtete die Basis für die ästhetischen Ideale, die Zen-Lehre setzte sie in die Praxis um.

Das Teepulver wird mit ein wenig Wasser zu einer schaumigen Paste verrührt.

Der Teeraum

*E*uropäischen Architekten, die in der Tradition des Bauens mit Steinen und Ziegeln aufgewachsen sind, muß unsere japanische Bauweise mit Holz und Bambus als etwas erscheinen, das kaum als Architektur betrachtet werden kann. Es ist noch nicht allzulange her, daß ein fähiger Student westlicher Architektur die bemerkenswerte Vollkommenheit unserer großen Tempel anerkannt und gelobt hat. Vor dem Hintergrund dieser Situation können wir auf dem Gebiet unserer klassischen Architektur kaum erwarten, daß ein Außenstehender die subtile Schönheit des Teeraums anzuerkennen vermag, der sich in seiner Konstruktion und Dekoration vollständig von dem unterscheidet, was man im Westen kennt.

Der Teeraum (sukiya) will nicht mehr sein als ein einfaches kleines Haus – eine Strohhütte, wie wir sagen. Die ursprünglich zur Bezeichnung des sukiya verwendeten Schriftzeichen bezeichnen den Wohnsitz der Einbildungskraft. In späterer Zeit ersetzten verschiedene Teemeister diese Zeichen durch diverse chinesische Schriftzeichen, die ihrer jeweiligen Vorstellung des Teeraumes entsprachen, und das Wort sukiya kann auch den Wohnsitz der Leere oder denjenigen der Asymmetrie bezeichnen. Er ist ein Wohnsitz der Einbildungskraft insofern, als er etwas Vergängliches ist, errichtet, um einen poetischen Impuls zu beherbergen. Er ist ein Wohnsitz der Leere, insofern er jeglichen Schmuckes entbehrt, abgesehen von dem, was in ihm seinen Platz findet, um das ästhetische Bedürfnis eines Augenblicks zu befriedigen. Er ist ein Wohnsitz des Asymmetrischen, insofern er der Verehrung des Unvollkommenen gewidmet ist, die absichtlich etwas unvollendet läßt, um dem Spiel der Vorstellungskraft die Vervollständigung zu überlassen. Die Ideale des Teeismus haben unsere Architektur seit dem 16. Jahrhundert in einem solchen Maße beeinflußt, daß die gegenwärtig gebräuchliche japanische Inneneinrichtung durch ihre außerordentliche Einfachheit und Schlichtheit, was den Raumschmuck angeht, Fremden geradezu kahl erscheinen muß.

Der erste eigenständige Teeraum wurde von Sen no Sôeki geschaffen, der gemeinhin unter seinem späteren Namen Rikyû bekannt ist, dem größten aller Teemeister, der die formalen Gebräuche der Teezeremonie im 16. Jahrhundert unter der Herrschaft Taikô Hideyoshis einführte und zu einem hohen Grad der Perfektion brachte. Die Maße des Teeraumes waren zuvor bereits von Jôô festgelegt worden, einem berühmten Teemeister des 15. Jahrhunderts. Die ersten Teeräume bestanden einfach aus einem Teil des Empfangszimmers, der zum Zweck des gemeinsamen Teetrinkens mit Hilfe von Wandschirmen vom übrigen Raum abgetrennt war. Dieser gesonderte Teil des Raumes wurde kakoi genannt (eingehegter Raum). Auch heute noch werden Teeräume, die sich innerhalb des Hauses befinden und nicht

unabhängig von diesem errichtet sind, so genannt. Der
sukiya besteht aus dem eigentlichen Teeraum, der auf eine
Anzahl von nicht mehr als fünf Personen hin konstruiert ist,
eine Zahl, die an den Spruch „mehr als die Grazien und weniger als die Musen" erinnert. Weiter gehören ein Vorzim-
mer (mizuya) dazu, in dem die Tee-Utensilien gereinigt und
zusammengestellt werden, bevor sie in den Teeraum gebracht werden, ein Empfangsraum (machiai), in dem die
Gäste warten, bis sie in den Teeraum gebeten werden, und
ein Gartenweg (roji), der machiai und Teeraum verbindet.
Dieser erscheint in seinem Aussehen unauffällig. Er ist klei-
ner als die kleinsten japanischen Häuser, während die Materialien, aus denen er gebaut ist, den Eindruck einer erlesenen Einfachheit erwecken sollen. Es sollte jedoch nicht
vergessen werden, daß all dies das Ergebnis tiefgreifender
künstlerischer Überlegungen ist, und daß selbst kleine Details unter Umständen sorgfältiger ausgearbeitet sind als in
den prächtigsten Palästen und Tempeln. Ein guter Teeraum
kostet mehr als ein gewöhnliches Haus, denn die Auswahl
der Materialien erfordert ebenso wie die handwerklichen
Arbeiten größte Sorgfalt und Genauigkeit. Tatsächlich bilden diejenigen Zimmerleute, die von den Teemeistern zum
Bau eines Teehauses ausgewählt werden, unter den Hand-
werkern eine besondere und hochangesehene Klasse, da
ihre Arbeit ebensoviel Feinsinn erfordert wie das Herstellen
von Lackmöbeln.

Der Teeraum unterscheidet sich nicht nur von den Pro-
dukten westlicher Architektur, sondern er steht auch in einem starken Gegensatz zur klassischen japanischen Archi-

tektur. Unsere alten Prachtgebäude sind allein aufgrund ihrer Größe nicht zu verachten, ganz gleich, ob sie weltlichen oder geistigen Zwecken dienten. Die wenigen Gebäude, die den zerstörerischen Sturm der Jahrhunderte überdauert haben, sind in der Großartigkeit und im Reichtum ihrer Ausschmückung immer noch ehrfurchtgebietend. Riesige Säulen aus Holz mit einem Durchmesser von zwei bis drei Fuß und dreißig bis vierzig Fuß hoch tragen mit Hilfe eines komplizierten Netzes von Winkelstützen die mächtigen Balken, die unter der Last der ziegelgedeckten schrägen Dächer ächzen. Das Material und die Konstruktionsweise konnten zwar nicht dem Feuer widerstehen, erwiesen sich jedoch als erdbebensicher und waren den klimatischen Bedingungen des Landes gut angepaßt. In der Goldenen Halle des Hôryûji und der Pagode des Yakushiji haben wir bemerkenswerte Beispiele für die Dauerhaftigkeit unserer Holzarchitektur vor Augen. Diese Gebäude sind seit nahezu zwölf Jahrhunderten praktisch unversehrt geblieben. Das Innere der alten Tempel und Paläste war reich dekoriert. Im Hôôdô-Tempel in Uji, der aus dem 10. Jahrhundert stammt, sind noch die sorgfältig ausgearbeiteten Dächer und vergoldeten Baldachine zu sehen, farbenprächtig und mit Spiegeln und Perlmutt ausgelegt, ebenso die Überreste der Bilder und Skulpturen, die zu früheren Zeiten die Wände bedeckten. In den später entstandenen Gebäuden in Nikkô und im Nijô-Schloß in Kyôto wird die Schönheit der architektonischen Struktur einem Schmuckreichtum geopfert, der in seiner Farbenvielfalt und den erlesenen Details die äußerste Pracht arabischer oder maurischer Paläste übersteigt.

Die Einfachheit und Schlichtheit des Teeraums ist daraus entsprungen, daß man in seiner Gestaltung mit den Zen-Klöstern wetteiferte. Ein Zen-Kloster unterscheidet sich von anderen buddhistischen Klöstern insofern, als es lediglich als Wohnort der Mönche gedacht ist. Seine Kapelle ist nicht ein Raum der Anbetung oder der Pilgerschaft, sondern ein Unterrichtsraum, in dem die Schüler zur Diskussion oder zu Meditationsübungen zusammenkommen. Der Raum ist kahl, abgesehen von einer Nische in seinem Zentrum, in der hinter einem Altar eine Statue von Bodhidharma steht, dem Gründer der Sekte, oder von Sakyamuni, begleitet von Kashyapa und Ananda, den beiden ersten Patriarchen des Zen. Auf dem Altar werden Blumen und Weihrauch dargeboten zur Erinnerung an die großen Verdienste dieser Weisen um die Zen-Lehre. Wir sagten bereits, daß die Zen-Mönche das Ritual schufen, nacheinander vor dem Bild des Bodhidharma aus einer Schale Tee zu trinken, und daß dieses Ritual die Grundlage der Teezeremonie bildete. Dem wäre noch hinzuzufügen, daß der Altar der Zen-Kapelle das Vorbild für die tokonoma war – den Andachtsort in einem japanischen Haus, an dem sich Bilder und Blumen zur Erbauung der Gäste befinden.

Alle unsere großen Teemeister waren Zen-Schüler und versuchten den Geist des Zen in das alltägliche Leben einzubringen. Daher spiegelt der Raum, wie auch die übrigen Utensilien der Teezeremonie, zahlreiche Lehren des Zen wider. Die Größe eines nach den ursprünglichen Regeln gestalteten Teeraumes, viereinhalb Matten oder zehn Fuß im Quadrat, ist festgeschrieben in einer Passage der Vikrama-

ditya-Sutra. In diesem interessanten Werk heißt Vikramadi-
tya den Heiligen Manjusri und 84 000 Schüler des Buddha
in einem Raum der genannten Größe willkommen – eine
Allegorie, die auf der Theorie der Nicht-Existenz des Raumes für die wahrhaft Erleuchteten basiert. Auch der roji, der
Gartenweg, der vom machiai zum Teeraum führt, steht für
das erste Stadium der Meditation – die Reise in die Selbst-
Erhellung. Der roji sollte die Verbindung mit der äußeren
Welt unterbrechen und eine neue Empfindung hervorrufen,
die die ungeteilte Freude am Ästhetizismus im Teeraum
selbst fördern sollte. Jeder, der schon einmal einem solchen
Gartenweg gefolgt ist, wird nie mehr vergessen, wie sein
Geist über die Gedanken des Alltags erhoben wurde,
während er im Zwielicht immergrüner Pflanzen über die
regelmäßigen Unregelmäßigkeiten der Trittsteine schritt,
unter denen getrocknete Kiefernnadeln lagen, vorbei an den
mit Moos bedeckten Laternen aus Granit. Man mag sich
mitten in der Stadt befinden und hat dennoch das Gefühl,
in einem Wald zu sein, weit entfernt vom Staub und Getö-
se der Zivilisation. Die Teemeister haben sehr viel Spürsinn
für die Entfaltung dieses Effekts von Heiterkeit und Reinheit
aufgewendet. Das Wesen der Empfindungen, die beim
Durchschreiten des roji aufkommen sollten, unterscheidet
sich von Teemeister zu Teemeister. Einige von ihnen, wie
Rikyû, strebten äußerste Einsamkeit an und behaupteten,
das Geheimnis des roji sei enthalten in dem folgenden alten
Liedchen:

Ich blickte hinüber;
Keine Blumen
noch gefärbten Blätter.
Am Strand des Meeres
steht eine einsame Hütte
im schwindenden Licht
eines Herbstabends.

Andere, wie Kobori Enshû, strebten einen anderen Effekt an. Nach Enshû war die Grundidee des Gartenweges in den folgenden Versen zu finden:

Eine Gruppe von Sommerbäumen,
ein Stückchen vom Meer,
ein bleicher Abendmond.

Es ist nicht schwer zu erfassen, was er meint. Er wollte die Haltung einer neu erwachten Seele schaffen, die noch in den schattigen Träumen der Vergangenheit befangen ist und gleichzeitig getränkt ist von der süßen Unbewußtheit eines weichen geistigen Lichtes, dabei erfüllt von Sehnsucht nach der Freiheit des Jenseitigen.

Dergestalt vorbereitet, nähert der Gast sich dem Heiligtum ruhig und legt, falls er ein Samurai ist, sein Schwert auf einem Gestell unter dem Dachvorsprung ab, denn der Teeraum ist in allererster Linie ein Ort des Friedens. Dann bückt er sich tief, um durch eine schmale, nicht mehr als drei Fuß hohe Tür in den Raum zu gelangen. Dieses Vorgehen oblag allen Gästen, ungeachtet ihres sozialen Ranges, und sollte erreichen, daß man eine demütige Haltung einnahm. Die Gäste haben während ihres Aufenthaltes im machiai in wechselseitigem Einvernehmen bestimmt, in welcher Reihenfolge sie eintreten werden, und gehen einer nach dem anderen und lautlos in den Teeraum hinein, wo sie ihre Plätze einnehmen, nachdem sie zuvor dem Bild oder dem Blumengesteck in der tokonoma ihre Ehre erwiesen haben. Der Gastgeber betritt den Raum erst dann, wenn alle Gäste sich hingesetzt haben und völlige Stille herrscht, die nur unterbrochen wird vom Geräusch des kochenden Wassers im Eisenkessel. Der Kessel hat einen wohltönenden Klang, denn in seinem Inneren sind kleine Eisenstücke dergestalt angeordnet, daß sie eine eigentümliche Melodie produzieren, in der man das von Wolken gedämpfte Geräusch eines Wasserfalls erkennen mag oder das eines entfernten Meeres, dessen Wellen sich an den Felsen brechen, oder das eines Regengusses in einem Bambuswald oder das Rauschen der Kiefern auf einem Hügel irgendwo in weiter Ferne.

Selbst tagsüber herrscht im Teeraum gedämpftes Licht, denn die weit vorgezogenen Vorsprünge des stark geneigten Daches lassen nur wenige Sonnenstrahlen ein. Alles, von der Decke bis zum Boden, ist in unauffälligen Farben gehalten; die Gäste tragen sorgsam ausgewählte Kleidung in unauffälligen Farben. Über allem liegt die Reife des Alters; alle Gegenstände, die wirken könnten, als seien sie neu erworben, sind aus dem Raum verbannt, mit Ausnahme des Schöpflöffels aus Bambus und der leinenen Serviette, die beide neu und von reinstem Weiß sind. Wie verblaßt der Teeraum und die Utensilien auch immer wirken mögen, alles ist völlig sauber. Selbst in der dunkelsten Ecke findet sich kein Körnchen Staub, denn wäre dies der Fall, so wäre der Gastgeber kein Teemeister. Zu den vorrangigen Kenntnissen des Teemeisters gehört das Wissen darum, wie man putzt, reinigt und wäscht, denn das Saubermachen und Abstauben ist eine Kunst. Ein Stück alter Schmiedearbeit darf nicht mit dem skrupellosen Tatendrang einer holländischen Hausfrau in Angriff genommen werden. Wasser, das aus einer Bodenvase tropft, braucht nicht aufgewischt zu werden, denn es kann das Gefühl von Taufrische und Kühle vermitteln.

In diesem Zusammenhang gibt es eine Geschichte über Rikyû, die die Vorstellung der Teemeister von Sauberkeit gut zu illustrieren vermag. Rikyû sah seinen Sohn Shôan, wie er den Gartenweg putzte und wässerte. Als Shôan mit seiner Aufgabe fertig war, sagte Rikyû: „Nicht sauber genug" und befahl ihm, es noch einmal zu versuchen. Nach einer Stunde mühevoller Arbeit sagte der Sohn zu Rikyû: „Vater, es bleibt nichts mehr zu tun. Die Trittsteine sind zum dritten Mal abgewaschen worden, die Laternen aus Stein und die Bäume sind sorgfältig mit Wasser besprüht, Moos und Flechten glänzen in frischem Grün; keinen Zweig, kein Blatt habe ich auf dem Boden liegengelassen." „Du jugendlicher Narr", schalt der Teemeister, „das ist nicht die Art und Weise, in der ein Gartenweg gereinigt werden sollte". Und indem er dies sagte, trat Rikyû in den Garten, schüttelte einen Baum und verstreute goldene und karmesinrote Blätter über den Garten, Stückchen vom Brokat des Herbstes! Was Rikyû verlangte, war nicht allein Sauberkeit, sondern auch das Schöne und Natürliche.

Der Name „Wohnsitz der Einbildungskraft" beinhaltet eine Struktur, die im Hinblick auf individuelle künstlerische Erfordernisse geschaffen wurde. Der Teeraum wurde für den Teemeister geschaffen, nicht der Teemeister für den Teeraum. Der Raum dient nicht der Nutzung durch die Nachkommen und ist darum vergänglich. Die Vorstellung, daß jeder ein eigenes Haus haben sollte, basiert auf einem alten japanischen Brauch, auf dem Aberglauben des Shintô, nach dem jedes Haus nach dem Tod seines höchsten Bewohners geräumt werden sollte. Vielleicht gab es für diese Sitte irgendeinen hygienischen Grund. Ein anderer früher Brauch bestand darin, daß jedes frisch verheiratete Paar ein eigenes Haus erhalten sollte. Aufgrund solcher Gebräuche kam es dazu, daß die Hauptstädte in früherer Zeit so häufig von einem Ort an einen anderen verlegt wurden. Die Neuerrichtung des Ise-Tempels, dem höchsten Heiligtum der Sonnengöttin alle zwanzig Jahre ist ein Beispiel dieser alten Gebräuche, die bis auf den heutigen Tag andauern. Die Befolgung derartiger Sitten war nur möglich mit Hilfe einer Architektur, die wie die unsere auf der Verwendung hölzerner Materialien basierte, so daß die Häuser leicht abgebaut und wieder neu errichtet werden konnten. Eine stärker auf Dauer ausgerichtete Bauweise unter Hinzuziehung von Ziegeln und Steinen hätte einen Wechsel der Wohnorte unmöglich gemacht, und tatsächlich finden wir diese Wanderungsbewegungen nach der Nara-Periode nicht mehr, in der Japan die massiveren und stabileren Holzkonstruktionen aus China übernahm.

Im Zuge der Vorherrschaft des Zen-Individualismus im

15. Jahrhundert wurde diese alte Vorstellung jedoch mit einer tieferen Bedeutung erfüllt, insofern sie in ihrer Verbindung zum Teeraum betrachtet wurde. Die Zen-Lehre mit ihrer Theorie des Dahinschwindens und ihrer Forderung einer Herrschaft des Geistes über die Dinge betrachtete das Haus lediglich als eine vorübergehende Heimstatt für den Körper. Der Körper selbst war nichts als eine Hütte in der Wildnis, ein schwacher Schutz, bestehend aus den zusammengeflochtenen Gräsern, die in der Umgebung wuchsen – wenn diese Halme nicht mehr länger zusammenhafteten, lösten sie sich wieder auf in die ursprüngliche Einöde. Beim Teeraum wird der Eindruck der Flüchtigkeit durch das strohgedeckte Dach hervorgerufen, durch die zerbrechlich wirkenden schlanken Pfeiler, die Leichtigkeit der Bambusstützen und die augenscheinliche Sorglosigkeit in der Verwendung ganz gewöhnlicher Materialien. Das Ewige findet sich nur im Geist, der, umgeben von derart einfachen Gegenständen, diese mit dem subtilen Licht seiner Bildung verschönert.

Daß das Teehaus errichtet werden sollte, um einem bestimmten individuellen Geschmack zu genügen, ist ein Erfordernis des Prinzips der Lebendigkeit innerhalb der Kunst. Damit Kunst umfassend genossen werden kann, muß sie dem Leben ihrer Zeit entsprechen. Wir sollten die Anforderungen der Nachwelt nicht außer acht lassen, aber wir sollten versuchen, uns mehr an der Gegenwart zu erfreuen. Die Schöpfungen der Vergangenheit sollten wir nicht geringschätzen, aber wir sollten uns bemühen, sie in unser Bewußtsein aufzunehmen. Sklavischer Gehorsam den alten

Traditionen und Formen gegenüber behindert den individuellen Ausdruck in der Architektur. Die sinnlose Nachahmung europäischer Gebäude, wie man sie im modernen Japan vorfindet, ist nichts als beklagenswert. Man fragt sich,
warum in den fortschrittlichsten westlichen Nationen die
Architektur in so hohem Maße jeder Originalität entbehrt,
warum sie voll ist von Wiederholungen obsolet gewordener
Stilarten. Vielleicht erleben wir in der Kunst gerade ein Zeitalter der Gleichmacherei und warten dabei auf den Aufstieg
eines erhabenen Meisters, der den Beginn einer neuen Ära
markiert. Würden wir das Altertum doch nur mehr lieben
und weniger nachahmen! Man sagt, daß die Griechen ihre
Größe daraus bezogen, daß sie nichts aus der Vorzeit übernahmen.

Der Ausdruck „Wohnsitz der Leere" steht zunächst
einmal für die taoistische Theorie des All-Enthaltenden,
daneben beinhaltet er jedoch auch die Konzeption eines
konstanten Bedürfnisses nach Veränderung dessen, was
schmückt. Der Teeraum ist völlig leer, abgesehen von Dingen, die sich vorübergehend in seinem Inneren befinden,
um einer bestimmten ästhetischen Gestimmtheit zu genügen. Zu einer bestimmten Gelegenheit wird ein besonderer
Kunstgegenstand dort aufgestellt, und alles übrige wird ausgewählt und zusammengestellt, damit es die Schönheit des
Hauptthemas verstärkt. Man kann nicht gleichzeitig verschiedene Musikstücke hören, und ein wahrhaftes Verständnis des Schönen ist nur möglich in der Konzentration
auf ein zentrales Motiv. Damit wird deutlich, daß das Sy-
stem der Raumausstattung unserer Teeräume demjenigen

entgegengesetzt ist, das in Europa vorherrscht, wo das Innere eines Hauses oft in ein Museum verwandelt wird. Für einen Japaner, der einfachen Raumschmuck gewohnt ist, der häufig ausgetauscht wird, erweckt der westliche Einrichtungsstil mit seinem großen Aufgebot an Bildern, Statuen und Trödel, die innerhalb des Raumes einen dauerhaften Platz einnehmen, den Eindruck einer ganz gewöhnlichen Zurschaustellung von Reichtümern. Sich am ständigen Anblick eines Meisterwerkes erfreuen zu können, erfordert ein beträchtliches Ausmaß an Wertschätzung, und tatsächlich müssen Menschen, die Tag für Tag inmitten einer solch verwirrenden Vielfalt von Farben und Formen leben können, wie man sie vielfach in europäischen und amerikanischen Häusern findet, mit einem geradezu grenzenlosen Vermögen zum künstlerischen Empfinden ausgestattet sein.

Der Ausdruck „Wohnsitz des Asymmetrischen" spricht ein weiteres Moment unserer Auffassung von Raumschmuck an. Westliche Kritiker haben vielfach auf die Abwesenheit symmetrischer Elemente in japanischen Kunstgegenständen hingewiesen. Auch dies ist ein Ergebnis der Durchdringung der Zen-Lehre mit taoistischen Idealen. Der Konfuzianismus mit seiner tiefverwurzelten Vorstellung eines Dualismus sowie die nördliche Ausformung des Buddhismus mit ihrer Verehrung der Dreiheit stehen einem symmetrischen Ausdruck in keiner Weise entgegen. Beim Studium alter chinesischer Bronzen oder religiöser Kunstwerke aus der T'ang-Dynastie und der Nara-Periode bemerken wir vielmehr ein durchgehendes Streben nach Symmetrie. Die Innenausstattung unserer klassischen Gebäude bekennt sich entschieden zur Regelmäßigkeit. Taoismus und Zen haben jedoch eine andere Vorstellung von Vollkommenheit. Die dynamische Natur ihrer Philosophie betonte eher den Prozeß, durch den Vollkommenheit angestrebt wird, und weniger die Vollkommenheit selbst. Wahre Schönheit kann nur der entdecken, der das Unvollkommene geistig vervollkommnet. Die Kraft des Lebens und der Kunst liegt in der Möglichkeit zur Weiterentwicklung. Im Teeraum bleibt es jedem Gast überlassen, mit Hilfe seines Vorstellungsvermögens die vollständige Wirkung der Gegenstände auf ihn selbst erst herzustellen. Da die Zen-Lehre zur vorherrschenden Denkweise wurde, wird in der fernöstlichen Kunst die Symmetrie absichtlich vermieden, weil sie nicht nur Vollkommenheit, sondern auch Wiederholung ausdrückt. Eine Einheitlichkeit der Gestaltung wurde als Hindernis für die Frische der Vorstellungskraft betrachtet. Infolgedessen wurden Landschaften, Vögel und Blumen zu bevorzugten Gegenständen der künstlerischen Darstellung, während die menschliche Gestalt, über die der Kunstbetrachter selbst verfügt, in den Hintergrund trat. Wir verweilen allzuoft im Offensichtlichen, und trotz unserer Eitelkeit unterliegt sogar unsere Selbstbetrachtung der Gefahr, monoton zu werden.

Im Teeraum ist die Furcht vor einer Wiederholung ständig präsent. Die verschiedenen Objekte zur Ausschmükkung des Raumes sollten so ausgewählt sein, daß sich keine Farbe oder Form wiederholt. Stellt man eine Vase mit lebenden Blumen auf, so verbietet sich ein Bild, das Blumen zeigt. Verwendet man einen runden Wasserkessel, so sollte

der Wasserkrug eckig sein. Zu einer schwarzglasierten Teeschale sollte sich nicht eine schwarzlackierte Teedose gesel-
len. Beim Aufstellen einer Vase oder einer Schale mit Weihrauch auf der tokonoma ist darauf zu achten, daß man diese
Gegenstände nicht exakt in der Mitte anordnet, so daß der
verbleibende Platz in zwei gleiche Hälften geteilt würde.
Die Beine der tokonoma sollten aus anderem Holz gefertigt
sein als die übrigen Säulen, damit jeder Eindruck von Mono-
tonie innerhalb des Raumes vermieden wird.

Auch hierin unterscheidet sich die japanische Art der
Raumgestaltung von derjenigen des Abendlandes, wo auf
Kaminsimsen und anderswo die Gegenstände symmetrisch
angeordnet werden. In westlichen Häusern finden wir uns
oft einer nutzlos scheinenden ständigen Wiederholung aus-
gesetzt. Wir empfinden es als anstrengend, sich mit jemandem zu unterhalten, dessen lebensgroßes Porträt uns hinter
seinem Rücken anstarrt. Unwillkürlich fragen wir uns, was
wirklich ist: dieser Mensch auf dem Bild oder der Mensch,
der mit uns spricht, und wir haben die sonderbare Empfindung, daß es sich bei einem von beiden um eine Fälschung
handeln muß. Oft haben wir an einer festlich gedeckten Ta-
fel, erfüllt von geheimem Schrecken, darüber nachgedacht,
was der Überfluß an den Wänden des Eßzimmers zu be-
deuten hat. Wozu diese Abbildungen von Opfern der Jagd,
wozu die erlesenen Schnitzereien von Fischen und Früch-
ten? Warum die Zurschaustellung von Familiengeschirr, das
uns an diejenigen erinnert, die einstmals ebenfalls gegessen
haben und nunmehr tot sind?

Die Einfachheit des Teeraumes und sein Freisein von jeg-

licher Vulgarität machen ihn wahrhaft zu einem Zufluchtsort vor den Ärgernissen der Außenwelt. Dort und nur dort
kann man sich der ungestörten Verehrung des Schönen
hingeben. Im 16. Jahrhundert bot der Teeraum den grim-
migen Kriegern und Staatsmännern, die mit der Wiederer-
richtung und Einigung Japans befaßt waren, eine willkom-
mene Möglichkeit des Atemholens. Im 17. Jahrhundert,
nachdem der strenge Formalismus der Tokugawa-Herrschaft
etabliert worden war, bestand im Teeraum die einzige Möglichkeit zu freier Mitteilung des Geistes der Kunst. Vor einem
großen Kunstwerk gab es keinen Unterschied zwischen
Daimyô, Samurai und gewöhnlichen Menschen. Heutzutage, im Zeitalter der Industrialisierung, ist wahre Bildung
überall auf der Welt immer schwieriger zu erreichen. Brauchen wir den Teeraum da nicht mehr denn je?

Der Teemeister gießt heißes Wasser auf den angerührten Tee.

WERTSCHÄTZUNG DER KUNST

Kennen Sie das taoistische Märchen von der Zähmung der Harfe?

Vor langer, langer Zeit stand in der Schlucht von Lungmen ein Kiri-Baum, ein wahrhafter König des Waldes. Er reckte seine Krone so hoch, daß er mit den Wolken sprechen konnte; seine Wurzeln reichten tief in die Erde, wo ihre bronzefarbenen Locken sich mit denen des silbernen Drachens vermischten, der darunter schlief. Und eines Tages geschah es, daß ein mächtiger Zauberer aus diesem Baum eine wundersame Harfe fertigte, deren widerstrebender Geist nur vom größten aller Musiker gezähmt werden konnte. Lange Zeit befand sich das Instrument im Besitz des Kaisers von China, aber alle Bemühungen, seinen Saiten eine Melodie zu entlocken, waren vergebens. Selbst wenn man sich noch so sehr mühte – aus der Harfe erklangen nur harte, verächtliche Töne, die nicht zu den Liedern paßten, die die Musiker gern gesungen hätten. Die Harfe wollte keinen von ihnen als ihren Meister anerkennen.

Zuletzt kam Pei-ya, der Prinz unter den Harfespielern. Er strich mit zarter Hand über die Harfe, wie jemand, der ein widerspenstiges Pferd besänftigen will, und berührte

sachte die Saiten. Er sang von der Natur und den Jahres-
zeiten, von hohen Bergen und fließenden Wassern, und
alle Erinnerungen des Baumes erwachten! Noch einmal
spürte er den süßen Atem des Frühlings in seinen Ästen.
Die frischen Wasserfälle, die die Schlucht hinuntersprang-
gen, lachten den knospenden Blumen zu. Alsbald hörte
man die träumenden Stimmen des Sommers mit seinen
Myriaden von Insekten, dem sanften Plätschern des Re-
gens, dem Wehklagen des Kuckucks. Horch! Ein Tiger
brüllt – im Tal hallt sein Schrei wider. Es ist Herbst, in der
Verlassenheit der Nacht scheint der Mond scharf wie ein
Schwert auf das bereifte Gras. Nun herrscht Winter, und
durch die schneeige Luft wirbeln Scharen von Schwänen,
und auf die Zweige prasseln Hagelkörner mit grimmigem
Vergnügen.

Dann wechselte Pei-ya die Tonart und sang von der Liebe. Der Wald wiegte sich wie ein entflammter Liebhaber,
tief in Gedanken verloren. Hoch oben zog eine hell leuch-
tende Wolke vorüber, stolz wie ein hochmütiges Mädchen;
indem sie weiterzog, warf sie lange Schatten auf den Boden,
schwarz wie die Verzweiflung. Wiederum wechselte die
Tonart: Pei-ya sang vom Krieg, von klirrendem Stahl und
stampfenden Streitrössern. Und in der Harfe erwuchs der
Sturm von Lungmen, der Drachen ritt auf dem Blitz, die Lawine brach donnernd durch die Hügel. Von Begeisterung erfüllt, fragte der chinesische Kaiser Pei-ya, worin das Geheimnis seines Sieges liege. „Herr", antwortete dieser,
„andere haben versagt, weil sie nur von sich selbst gesungen haben. Ich überließ es der Harfe, das Thema zu wählen,

und ich wußte nicht mehr genau, ob die Harfe Pei-ya war oder Pei-ya die Harfe."

Die Geschichte illustriert das Geheimnis der Wertschätzung von Kunst. Das Meisterwerk ist eine Symphonie, die auf unseren reinsten Gefühlen erklingt. Die wahre Kunst ist Pei-ya, und wir sind die Harfe von Lungmen. In der magischen Berührung durch das Schöne werden die geheimsten Saiten unseres Seins zum Schwingen gebracht, wir vibrieren, tief berührt von seinem Ruf. Gemüt spricht zum Gemüt. Wir hören auf das Unausgesprochene, werfen einen Blick auf das Ungesehene. Der Meister ruft in uns bisher nie gekannte Klänge wach. Lang vergessene Erinnerungen kehren in neuer Bedeutung zu uns zurück. Jahrelang unterdrückte Hoffnungen, Sehnsüchte, die wir uns nicht einzugestehen wagten, erwachen in neuem Glanz. Unser Gemüt ist die Leinwand, auf die die Künstler ihre Farben auftragen; ihre Pigmente sind unsere Empfindungen; ihr Helldunkel ist das Licht unserer Freude, der Schatten der Traurigkeit. Das Meisterwerk ist Teil unserer selbst, wir sind Teil des Meisterwerkes.

Das Sich-einander-Mitteilen verwandter Geister, das zur Wertschätzung der Kunst notwendig ist, muß auf gegenseitige Zugeständnisse gegründet sein. Der Betrachter muß in sich eine Geisteshaltung kultivieren, die geeignet ist, die Botschaft zu empfangen; der Künstler muß wissen, wie er diese Botschaft mitzuteilen hat. Der Teemeister Kobori Enshû, selbst ein Daimyô, hat uns den folgenden denkwürdigen Ausspruch hinterlassen: „Nähere dich einem großen Gemälde auf die gleiche Weise, wie du dich einem vornehmen

Prinzen nähern würdest." Um ein Meisterwerk zu verstehen, muß man sich demütig vor ihm niederlassen und mit angehaltenem Atem seine geringfügigste Äußerung erwarten. Ein bedeutender Kritiker der Sung-Dynastie machte einst ein charmantes Bekenntnis. Er sagte: „In jungen Jahren pries ich den Meister, dessen Bilder ich liebte; aber als mein Urteilsvermögen reifte, lobte ich mich selbst dafür, da ich dasjenige liebte, das die Meister dazu ausgewählt hatten, daß es mich liebte." Es ist beklagenswert, daß so wenige von uns die Mühe auf sich nehmen, die Stimmungen der Meister zu studieren. In unserer starrköpfigen Ignoranz weigern wir uns, ihnen diese einfache Höflichkeit zu erweisen, und gelangen deswegen oft nicht in den Genuß des reichen Mahles der Schönheit, die vor unseren Augen ausgebreitet wird. Ein Meister hat immer etwas anzubieten, während wir nur aufgrund unseres eigenen Mangels an Wertschätzung hungrig ausgehen.

Für den einfühlenden Betrachter wird ein Meisterwerk zu einer lebenden Wirklichkeit, zu der wir uns in freundschaftlicher Weise hingezogen fühlen. Die Meister sind unsterblich, denn ihre Neigungen und Ängste erwachen in uns immer wieder zu neuem Leben. Es ist mehr die Seele als die Hand, mehr der Mensch als die Technik, die uns ansprechen – je menschlicher der Ruf, desto tiefer empfunden unsere Erwiderung. Es rührt von diesem geheimen Einverständnis zwischen dem Meister und uns selbst her, daß wir bei der Lektüre von Gedichten oder Liebesgeschichten mit dem Helden und der Heldin leiden und uns freuen. Chikamatsu, der Shakespeare Japans, hat als eines der vorrangigsten Prin-

zipien der dramatischen Komposition festgehalten, wie
wichtig es ist, daß der Autor die Zuschauer ins Vertrauen
zieht. Einige seiner Schüler legten ihm ihre Stücke mit der
Bitte um Billigung vor, aber nur eines dieser Stücke sprach
ihn an. Es war ein Schauspiel, das in gewisser Weise an die
„Komödie der Irrungen" erinnert und in dem Zwillingsbrü-
der unter einer Verwechslung ihrer Identität zu leiden haben. „Dieses Stück", sagte Chikamatsu, „besitzt den wahren Geist des Dramas, denn es zieht das Publikum in
Betracht. Die Zuschauer wissen mehr als die Handelnden.
Sie wissen, wo der Fehler liegt und bemitleiden die armen
Figuren auf der Bühne, die unschuldig ihrem Schicksal er-
liegen."

Die großen Meister des Ostens wie des Westens ließen
niemals außer acht, wie wertvoll Andeutungen sein können, um den Zuschauer ins Vertrauen zu ziehen. Wer kann
ein Meisterwerk betrachten, ohne in Ehrfurcht versetzt zu
sein vor dem unermeßlichen Gedankenreichtum, der uns
zur eigenen Erwägung vorgeführt wird? Wie vertraut sind
sie uns alle, wie können wir uns in sie einfühlen; wie kalt
sind dagegen die modernen Alltagsweisheiten! In den erstgenannten fühlen wir den warmen Erguß aus dem Herzen
eines Menschen, in den letzteren lediglich einen formellen
Gruß. In ihre Technik vertieft, übersteigen die modernen
Künstler nur selten sich selbst. Wie die Musiker, die vergebens die Harfe von Lungmen zu erwecken versuchten, singen sie nur von sich selbst. Ihre Werke mögen der Wissenschaft näher sein, von der Menschlichkeit jedoch sind sie
weiter entfernt. In Japan haben wir ein altes Sprichwort, das

besagt, daß eine Frau keinen Mann lieben kann, der wahrhaft eitel ist, denn in seinem Herzen ist kein noch so geringer Spalt, durch den Liebe eindringen und es erfüllen könnte. In der Kunst ist Eitelkeit ähnlich vernichtend für das Empfinden, sei es auf seiten des Künstlers oder des Publikums.

Nichts ist weihevoller als die Einheit befreundeter Geister in der Kunst. Im Moment des Zusammentreffens übersteigt der Kunstliebhaber sich selbst. Zu gleicher Zeit ist er und ist doch nicht. Für einen Wimpernschlag blickt er ins Unendliche, aber Worte können sein Entzücken nicht vermitteln, denn das Auge hat keine Zunge. Befreit von den Fesseln der Materie bewegt sich sein Geist im Rhythmus der Dinge. Auf diese Weise wird Kunst der Religion verwandt und veredelt die Menschheit. Dies ist es, was ein Meisterwerk zu etwas Heiligem macht. In alten Zeiten brachten die Japaner dem Werk eines großen Künstlers eine grenzenlose Ehrfurcht entgegen. Die Teemeister hüteten ihre Schätze mit geradezu religiöser Verschwiegenheit, und oftmals war es notwendig, eine ganze Reihe ineinander steckender Schachteln zu öffnen, bevor man zum eigentlichen Heiligtum vorstieß – der Rolle aus Seidenstoff, in dessen weiche Falten eingeschlagen sich das Allerheiligste befand. Das Objekt wurde nur selten den Blicken preisgegeben, und auch dann waren es nur eingeführte Kenner, die es betrachten durften.

Zu der Zeit, als der Teeismus die Vorherrschaft innehatte, waren die Generäle des Taikô als Lohn für ihre Siege eher mit dem Geschenk eines seltenen Kunstwerkes zufriedenzustellen als mit Ländereien. Viele unserer bevorzugten Dramen handeln vom Verlust und Wiederfinden eines berühmten Meisterwerkes. So spielt beispielsweise ein Stück im Palast des Fürsten Hosokawa, in dem das von Sesso gemalte berühmte Bild des Bodhidharma aufbewahrt wurde. Durch eine Unachtsamkeit des wachhabenden Samurai fängt der Palast plötzlich Feuer. Zu allem entschlossen, um nur das kostbare Gemälde zu retten, stürzt er in das brennende Gebäude und bemächtigt sich des kakemono, bemerkt jedoch, daß alle Ausgänge durch die Flammen versperrt sind. Einzig an das Bild denkend, schlitzt er seinen Körper mit seinem Schwert auf, schlingt seinen zerrissenen Ärmel um den Sesso und schiebt ihn in die klaffende Wunde. Das Feuer wird schließlich gelöscht. Unter den rauchenden Überresten findet man eine halb verbrannte Leiche, die in sich den Schatz birgt, vom Feuer unversehrt. So schrecklich derartige Geschichten sein mögen – sie illustrieren, welch hohen Wert wir einem Meisterwerk beimaßen und darüber hinaus die Verehrung für einen treuen Samurai.

Wir müssen jedoch bedenken, daß Kunst nur in dem Maße von Wert ist, wie sie zu uns spricht. Sie könnte eine Universalsprache sein, wenn wir selbst in unserem Mitempfinden universal wären. Durch unser endliches Wesen, die Macht der Tradition und der Gebräuche und durch die uns vererbten Instinkte sind unserer Fähigkeit zum Kunstgenuß Grenzen gesetzt. Selbst unsere Einzigartigkeit bedeutet in gewisser Hinsicht eine Einschränkung unseres Verständnisses, und in den Werken der Vergangenheit sucht unsere ästhetische Persönlichkeit das, was ihr selbst entspricht. Es ist zutreffend, daß mit zunehmender Kultivierung auch unser Sinn für Kunst wächst und wir fähig werden, viele bis dahin unerkannt gebliebene Ausdrucksformen der Kunst wertzuschätzen. Aber letztendlich sehen wir im Universum nur unser eigenes Bild – unsere spezifischen Eigenheiten schreiben uns die Art und Weise vor, wie wir etwas wahrnehmen. Die Teemeister sammelten ausschließlich Objekte, die ihrer individuellen Wertschätzung genauestens entsprachen.

In diesem Zusammenhang ist man an eine Geschichte erinnert, die von Kobori Enshû handelt. Enshû wurde von seinen Schülern zu dem bewundernswerten Geschmack beglückwünscht, den er bei der Auswahl seiner Kunstsammlung bewiesen hatte. Sie sagten: „Jedes Stück ist so geartet, daß niemand sich versagen kann, es zu bewundern. Das zeigt, daß du einen besseren Geschmack hast als Rikyû, denn seine Kunstsammlung wird nur von einem unter tausend Betrachtern bewundert." Enshû erwiderte betrübt: „Das zeigt nur, wie gewöhnlich ich bin. Der große Rikyû wagte nur solche Dinge zu lieben, die ihn persönlich ansprachen, während ich unwissentlich den Geschmack der Mehrheit zufriedenstelle. Wahrlich, Rikyû war ein Teemeister, wie man einen unter tausend findet."

Es ist sehr zu bedauern, daß die gegenwärtige scheinbare Begeisterung vielfach nicht in wahrem Empfinden begründet ist. In unserem demokratischen Zeitalter wird viel Lärm um das gemacht, was gemeinhin für das Beste gehalten wird, ungeachtet dessen, was man wirklich empfindet. Die Menschen wollen das Kostspielige, nicht das Veredelte;

sie wollen das Modische, nicht das Schöne. Für die Masse der Menschen gibt die Lektüre von illustrierten Magazinen – würdiges Produkt ihres eigenen Fleißes – eine leichter verdauliche Form des Kunstgenusses ab als die Betrachtung der frühen Italiener oder der Ashikaga-Meister, die zu bewundern sie vorgeben. Ihnen ist der Name des Künstlers wichtiger als die Qualität seiner Arbeit. Wie ein chinesischer Kritiker vor vielen Jahrhunderten beklagte, „beurteilen die Menschen ein Bild nach ihrem Gehör". Dieser Mangel an wahrhafter Wertschätzung ist verantwortlich für die pseudo-klassischen Scheußlichkeiten, die uns heutzutage begegnen, wohin wir uns auch wenden.

Ein anderer verbreiteter Fehler liegt in der Verwechslung der Kunst mit der Archäologie. Die Verehrung dessen, was alt ist, ist einer der besten Züge des menschlichen Charakters, und wir würden es begrüßen, wenn er in einem höheren Grade kultiviert wäre. Die alten Meister verdienen dafür geehrt zu werden, daß sie den Weg zu zukünftiger Erleuchtung geöffnet haben. Das bloße Faktum, daß sie Jahrhunderte der Kritik unbeschadet überstanden haben und nach wie vor mit dem Glanz des Ruhmes bedeckt auf uns gekommen sind, verdient unsere Achtung. Aber wir wären wahrhaft töricht, würden wir ihre Errungenschaften einfach nach ihrem Alter bemessen. Dennoch gestehen wir unserer historischen Neigung die Oberhand über unser ästhetisches Unterscheidungsvermögen zu. Wir erweisen dem Künstler unseren Beifall, wenn er nur sicher im Grab liegt. Das 19. Jahrhundert als Geburtsstätte der Evolutionstheorie hat in uns darüber hinaus die Gewohnheit erzeugt, das Individuelle innerhalb der Spezies aus den Augen zu verlieren. Ein Sammler ist ängstlich darauf bedacht, Stücke zu erwerben, die eine bestimmte Periode oder Schule innerhalb der Kunst repräsentieren, und vergißt darüber, daß ein einziges Meisterwerk uns mehr lehren kann als eine noch so große Zahl mittelmäßiger Produkte irgendeiner Periode oder Schule. Wir klassifizieren zu sehr und erfreuen uns zu wenig. Die Aufopferung des Ästhetischen an die sogenannte wissenschaftliche Methodik von Ausstellungen war der Ruin zahlreicher Museen.

Der Anspruch der zeitgenössischen Kunst kann in keinem Entwurf des Lebens ignoriert werden. Die Kunst unserer Tage ist es, die wirklich zu uns gehört: sie spiegelt uns. Indem wir sie verdammen, verdammen wir uns selbst. Wir behaupten, das gegenwärtige Zeitalter besitze keine Kunst – wer ist dafür verantwortlich? Es ist in der Tat eine Schande, daß wir trotz aller Lobgesänge auf die Alten unseren eigenen Möglichkeiten so wenig Beachtung schenken. Künstler, die sich abmühen, erschöpfte Seelen, die im Schatten kalter Verachtung verweilen! Welche Inspiration lassen wir ihnen in unserem selbstsüchtigen Jahrhundert zukommen? Die Vergangenheit täte recht daran, die Armut unserer Zivilisation mitleidig zu betrachten; die Zukunft wird über die Dürftigkeit unserer Kunst lachen. Wir zerstören die Kunst, indem wir das Schöne im Leben zerstören. Käme doch nur ein mächtiger Zauberer und formte aus dem Stamm der Gesellschaft eine gewaltige Harfe, deren Saiten bei der Berührung durch den Genius widerhallten.

Die Tokonoma, der Ehrenplatz in einem japanischen Zimmer.

BLUMEN

*W*enn im zitternden Grau
der Dämmerung eines Frühlingsmorgens die Vögel in den
Bäumen einander geheimnisvolle Dinge zuflüsterten – hatten Sie da etwa nicht das Gefühl, daß sie mit ihren Artge-
nossen über die Blumen sprachen? Ganz sicher ist in der
Menschheit die Wertschätzung der Blumen zu gleicher Zeit
wie die Liebesdichtung entstanden. Was kann besser als
eine Blume in ihrer unbewußten Süße, ihrer duftenden
Ruhe die Entfaltung einer jungfräulichen Seele ausdrücken?
Indem der urzeitliche Mann zum ersten Mal dem von ihm
verehrten Mädchen einen Kranz darbot, ging er über das
kreatürliche Dasein hinaus. Indem er sich dergestalt über
die kruden Notwendigkeiten der Natur erhob, wurde er
menschlich. Als er wahrzunehmen begann, daß sich Nutz-
loses auf feinsinnige Art verwenden läßt, trat er in das Reich
der Kunst ein.

In Freude wie in Trauer sind Blumen unsere ständigen
Begleiter. Wir essen, trinken, singen, tanzen und flirten
mit ihnen. Wir heiraten mit Blumen und werden mit
ihnen getauft. Wir wagen nicht, ohne sie zu sterben. Wir
haben gebetet mit der Lilie, meditiert mit dem Lotus, wir

haben uns mit der Rose und der Chrysantheme zur Schlacht aufgestellt. Wir haben sogar versucht, in der Sprache der Blumen zu sprechen. Wie könnten wir ohne sie leben? Es ist beängstigend, sich eine Welt vorzustellen, die ihrer beraubt wäre. Welche Tröstung bringen sie nicht dem Kranken, welches segensreiche Licht nicht der Dunkelheit ermüdeter Geister. Ihre heitere Sanftheit läßt in uns unser schwindendes Vertrauen in das Universum wieder erstehen, ebenso wie der aufmerksame Blick eines schönen Kindes unsere verloren geglaubten Hoffnungen wiedererweckt. Wenn wir tief in die Erde gebettet werden, sind sie es, die in Trauer auf unserem Grab verweilen.

So traurig es auch sein mag – wir können nicht verbergen, daß wir uns trotz unserer Freundschaft mit den Blumen dennoch nicht sehr weit über die Tiere erhoben haben. Man ziehe uns das Schafsfell ab, und alsbald wird der Wolf in uns seine Zähne zeigen. Es gibt den Ausspruch, daß der Mensch mit zehn Jahren ein Tier ist, mit zwanzig ein Wahnsinniger, mit dreißig ein Versager, mit vierzig ein Schwindler und mit fünfzig ein Verbrecher. Vielleicht wird er zum Verbrecher, weil er niemals aufgehört hat, ein Tier zu sein. Für uns ist nichts wirklich als der Hunger, nichts ist heilig außer unseren eigenen Bedürfnissen. Heiligtum um Heiligtum ist vor unseren Augen zusammengebrochen, aber ein Altar bleibt für immer bestehen, auf dem wir unserem höchsten Idol Weihrauch verbrennen – uns selbst. Unser Gott ist groß, und das Geld ist sein Prophet! Wir verwüsten die Natur, um ihm Opfer darbringen zu können. Wir prahlen damit, daß wir die Materie besiegt haben, und vergessen dabei, daß wir Sklaven der Materie sind. Welche Abscheulichkeiten haben wir nicht im Namen der Kultur und Bildung begangen!

Sagt mir, sanfte Blumen, Tränen der Sterne, die ihr im Garten steht und mit euren Köpfen den Bienen zunickt, wie sie vom Tau und von den Sonnenstrahlen singen – wißt ihr von dem furchtbaren Schicksal, das euch erwartet? Träumt weiter, wiegt euch fröhlich im sanften Hauch des Sommers, solange es euch vergönnt ist. Schon morgen wird sich eine rücksichtslose Hand um eure Kehlen legen. Ihr werdet verdreht werden, Stück für Stück auseinandergerissen und von eurem ruhigen Wohnort weggetragen. Die Elende mag leidlich hübsch sein. Vielleicht sagt sie, wie schön ihr seid, während ihre Finger noch feucht sind von eurem Blut. Sagt mir, wird dies freundlich sein? Es mag euer Schicksal sein, im Haar einer Frau gefangen zu sein, von der ihr wißt, daß sie kein Herz besitzt, oder in das Knopfloch eines Mannes eingeklemmt zu werden, der nicht wagen würde, euch ins Gesicht zu blicken, wenn ihr ein Mensch wäret. Es mag sogar euer Los sein, in eine enge Vase gezwängt zu werden, in der euer verzweifelter Durst, der von schwindendem Leben zeugt, nur mit abgestandenem Wasser gestillt wird.

Ihr Blumen, wärt ihr im Land des Mikado, so würdet ihr mitunter einem schrecklichen Menschen begegnen, ausgerüstet mit Scheren und einer winzigen Säge. Er würde sich selbst den „Meister der Blumen" nennen. Er würde die Rechte eines Arztes beanspruchen, und ihr würdet ihn instinktiv hassen, denn ihr wißt, daß ein Arzt immer danach strebt, die Qualen seiner Opfer zu verlängern. Er würde euch abschneiden, biegen und verdrehen, bis ihr diejenigen Positionen einnähmet, die er für angemessen hält. Er würde eure Muskeln zerren und eure Knochen verrenken, wie jeder Chirurg es tut. Er würde euch mit glühenden Kohlen verbrennen, um euer Bluten zu stillen, und Drähte in euch hineinstecken, um euren Kreislauf zu unterstützen. Er würde euch mit Salz, Essig, Alaun und manchmal Vitriol ernähren. Kochendes Wasser würde auf eure Füße gespritzt, wenn ihr den Eindruck erwecktet, als würdet ihr in Ohnmacht fallen. Es würde sein ganzer Stolz sein, daß er in der Lage wäre, euch ein oder zwei Wochen länger am Leben zu erhalten, als es ohne seine Behandlung möglich gewesen wäre. Hättet ihr nicht vorgezogen, gleich bei eurer Gefangennahme getötet worden zu sein? Welche Verbrechen müßt ihr in eurem früheren Leben begangen haben, um solch eine Strafe zu verdienen?

Die mutwillige Verschwendung von Blumen in den Gesellschaften des Westens ist noch erschreckender als der Umgang östlicher Blumenmeister mit ihnen. Die Anzahl von Blumen, die täglich abgeschnitten werden, um die Ballsäle und Bankettträume von Europa und Amerika zu schmücken, nur um am nächsten Morgen fortgeworfen zu werden, muß enorm sein; alle zusammengenommen mögen sie einen ganzen Kontinent bekränzen. Neben dieser äußersten Sorglosigkeit dem Leben gegenüber wird die Schuld des Blumenmeisters bedeutungslos. Er respektiert zumindest die Sparsamkeit der Natur, wählt seine Opfer mit Sorgfalt und Vorbedacht aus und ehrt nach ihrem Tod das, was von ihnen übrigbleibt. Im Westen scheint das Zur-schaustellen von Blumen Teil des Wohlstandsprunks zu sein – die Mode eines Augenblicks. Wohin gehen sie alle, diese Blumen, wenn der Rummel vorüber ist? Nichts ist mitleiderregender als der Anblick verblaßter Blumen, die gedankenlos auf einen Komposthaufen geworfen wurden.

Warum wurden die Blumen so schön geboren und gleichzeitig so unglücklich? Insekten können stechen, und selbst das sanftmütigste Tier wird sich wehren, wenn es gestellt wird. Der Vogel, dessen Gefieder ihr begehrt, da-mit es die Mütze seines Verfolgers bedeckt, das Pelztier, nach dessen Fell es euch gelüstet, um einen Mantel daraus zu machen, können sich bei eurer Annäherung zumindest verstecken. Ach! Die einzige Blume, die Flügel hat, ist der Schmetterling; alle anderen sind der Zerstörung hilflos aus-gesetzt. Wenn sie im Todeskampf schreien, erreicht ihre Klage niemals unser empfindungsloses Ohr. Wir verhalten uns brutal gegenüber allen, die uns lieben und uns still dienen, aber es mag eine Zeit kommen, in der wir wegen unserer Grausamkeit von unseren besten Freunden ver-lassen werden. Ist euch noch nicht aufgefallen, daß die Wildblumen jedes Jahr seltener werden? Vielleicht haben ihre Weisen ihnen geraten, wegzugehen, bis der Mensch menschlicher wird. Vielleicht sind sie in den Himmel aus-gewandert.

Vieles spricht für den Menschen, der Pflanzen kulti-viert. Der Mann des Blumentopfes ist sehr viel menschlicher als derjenige mit der Schere. Mit Vergnügen betrachten wir seine Sorge um Wasser und Sonnenlicht, seine Fehde gegen Parasiten, seine Furcht vor dem Frost, seine Besorgnis, wenn sich langsam Knospen bilden, sein Entzücken, wenn die Blätter zu glänzen beginnen. Im Osten ist das Kultivieren von Pflanzen eine sehr alte Kunst, und die Liebe eines Dichters zu seiner liebsten Pflanze erscheint vielfach in Geschichten und Liedern. Mit der Entwicklung der Keramik in der T'ang- und Sung-Dynastie hören wir von wundervollen Behältern für Pflanzen, nicht einfach Blumentöpfe, sondern edelsteinbesetzte Paläste. Jeder Pflanze war ein eigener Wächter zugeteilt, der die Aufgabe hatte, ihre Blätter mit einer weichen Bürste aus Kaninchenhaar zu reinigen. Man kann lesen, daß eine Päonie von einem schönen Mädchen in voller Tracht gereinigt werden sollte und eine Winterpflaume von einem blassen, schlanken Mönch. In Japan basiert einer der berühmtesten Nô-Tänze, der Hachinoki, der während der Ashikaga-Periode entstand, auf der Geschichte eines verarmten Ritters, der in einer kalten Nacht aus Mangel an Brennholz seine geliebten Pflanzen abschneidet, um für einen wandernden Bettelmönch ein Feuer zu machen. Der Mönch ist in Wahrheit niemand anderer als Hôjô Tokiyori, der Harun-al-Raschid unserer Märchen, und das Opfer bleibt nicht unbelohnt. Diese Oper rührt auch heute noch unfehlbar das Publikum in Tokio zu Tränen.

Zur Erhaltung besonderer Blüten wurden vielfache Vorsichtsmaßnahmen getroffen. Der Kaiser Hsüan-tsung aus der T'ang-Dynastie hing winzige goldene Glocken in

die Zweige der Bäume in seinem Garten, um die Vögel
fernzuhalten. Er war es auch, der im Frühling mit seinen
Hofmusikern auszog, um die Blumen mit sanfter Musik
zu erfreuen. In einem japanischen Kloster befindet sich
noch immer eine seltsame Gedenktafel, die allgemein Yos-
hitsune zugeschrieben wird, dem Held unserer Artusle-
genden. Sie enthält eine Notiz zur Bewahrung eines bestimmten wunderschönen Pflaumenbaumes und spricht
zu uns mit dem Ingrimm eines kriegerischen Zeitalters.
Nachdem die Schönheit der Blüten beschrieben worden
ist, lautet die Inschrift weiter: „Wer einen einzigen Zweig
dieses Baumes abschneidet, soll als Strafe dafür einen Finger einbüßen." Könnten solche Gesetze doch auch heutzutage noch gegen diejenigen angewandt werden, die
mutwillig Blumen vernichten und Kunstgegenstände ver-
stümmeln!

Doch selbst bei den Topfpflanzen sind wir geneigt, da-
hinter menschliche Selbstsucht zu vermuten. Warum die
Pflanzen von ihrem angestammten Platz entfernen und
von ihnen verlangen, daß sie mitten in einer fremden
Umgebung blühen mögen? Ist es nicht ebenso, als ob man
Vögel, die in einen Käfig eingesperrt wären, darum bäte,
zu singen und sich zu paaren? Wer weiß denn, ob die
Orchideen sich nicht von der künstlichen Wärme in unseren Gewächshäusern erstickt fühlen und sich hoff-
nungslos nach dem Anblick ihres eigenen südlichen Himmels sehnen?

Der ideale Liebhaber von Blumen ist derjenige, der sie
in ihrer natürlichen Umgebung besucht, wie T'ao Yüan-

ming, der sich im Gespräch mit wilden Chrysanthemen vor einen zerbrochenen Bambuszaun setzte, oder Lin Wo-sing, der sich selbst im geheimnisvollen Duft verlor, als er in der Dämmerung durch die Pflaumenblüte des west-lichen Sees schritt. Man sagt, daß Chou Mu-shih in einem Boot schlief, damit seine Träume sich mit denen des Lotus vermischten. Die Kaiserin Kômyô, eine unserer berühm-testen Nara-Herrscherinnen, war vom selben Geist ange-rührt, als sie sang: „Wenn ich dich pflücke, o Blume, wird meine Hand dich entweihen. Ich bringe dich, wie du auf der Wiese stehst, den Buddhas der Vergangenheit dar, der Gegenwart und der Zukunft."

Laßt uns jedoch nicht zu sentimental werden. Laßt uns weniger verschwenderisch und dafür prächtiger sein. Lao-tse hat gesagt: „Himmel und Erde sind mitleidlos." Kôbô-daishi hat gesagt: „Fließe, fließe, fließe, fließe, der Fluß des Lebens hört niemals auf. Stirb, stirb, stirb, stirb, der Tod kommt zu allen." Wohin wir uns auch wenden, überall stoßen wir auf Zerstörung. Zerstörung über und unter, vor und hinter uns. Das einzig Ewige ist die Veränderung – warum den Tod nicht ebenso willkommen heißen wie das Leben? Sie sind nichts als Gegenstücke des jeweils ande-ren – der Tag und die Nacht des Brahma. Durch die Zer-störung des Alten wird eine Neuschöpfung möglich. Wir haben den Tod, diese unbarmherzige Göttin der Gnade, unter vielen Namen verehrt. Er war der Schatten des Al-les-Verschlingenden, den die Gheburs im Feuer grüßten. Er ist die eiskalte Reinheit der Seele des Schwertes, vor der sich das shintôistische Japan auch heute noch verneigt.

Das mystische Feuer verzehrt unsere Schwäche, das heilige Schwert durchtrennt die Bindungen der Sehnsucht. Aus unserer Asche erhebt sich der Phönix himmlischer Hoffnung, aus der Freiheit entspringt eine höhere Wirklichkeit des Menschlichen.

Warum nicht Blumen zerstören, wenn wir auf diese Weise neue Formen hervorbringen können, die die Vorstellung der Welt veredeln? Wir bitten die Blumen lediglich darum, uns in unserem Opfer an das Schöne zu begleiten. Wir sollen unsere Tat büßen, indem wir uns selbst der Reinheit und Einfachheit weihen. So dachten die Teemeister, als sie den Blumenkult entwickelten.

Jeder, der mit dem Vorgehen unserer Tee- und Blumenmeister vertraut ist, hat bereits die religiöse Verehrung bemerkt, mit der sie die Blumen betrachten. Sie suchen sie nicht einfach aufs Geratewohl aus, sondern wählen sorgfältig jeden Ast oder jedes Zweiglein im Hinblick auf die kunstvolle Zusammenstellung aus, die sie sich vorstellen. Sie wären beschämt, würden sie mehr Zweige abschneiden, als absolut erforderlich wären. Es ist in diesem Zusammenhang anzumerken, daß sie die Blätter, falls vorhanden, stets zusammen mit der Blüte verwenden, denn ihr Ziel ist es, die ganze Schönheit der Pflanze zu zeigen. In dieser Hinsicht wie in manch anderer unterscheidet sich ihre Methode von derjenigen, der man in westlichen Ländern folgt. Dort sieht man meist nur die Blütenstengel, wie Köpfe ohne Körper unterschiedslos in eine Vase gesteckt.

Wenn ein Teemeister eine Blume zu seiner Zufriedenheit arrangiert hat, wird er sie auf die tokonoma stellen, den Ehrenplatz in einem japanischen Raum. Nichts anderes darf in der Nähe stehen, das ihren Effekt stören könnte, noch nicht einmal ein Gemälde, es sei denn, es gäbe einen spezifischen ästhetischen Grund für eine solche Kombination. Die Blume steht dort wie ein Fürst auf seinem Thron, und die Gäste oder Schüler grüßen sie beim Betreten des Raumes mit einer tiefen Verbeugung, bevor sie dem Gastgeber ihre Ehre erweisen. Von meisterhaften Blumengestecken werden Zeichnungen angefertigt und veröffentlicht, damit sie der Erbauung von Amateuren dienen mögen. Das Ausmaß an Literatur zu diesem Thema ist beträchtlich. Wenn die Blumen verwelken, weiht der Meister sie behutsam dem Fluß oder begräbt sie vorsichtig in der Erde. Mitunter werden sogar Denkmäler zu ihrem Andenken errichtet.

Die Blumensteckkunst scheint gleichzeitig mit dem Teeismus im 15. Jahrhundert entstanden zu sein. Unsere Legenden schreiben das erste Blumengesteck den frühen buddhistischen Heiligen zu, die diejenigen Blumen sammelten, die der Sturm abgerissen hatte, und in ihrer grenzenlosen Besorgnis für alles Lebendige in Gefäße mit Wasser stellten. Man sagt, daß Sôami, der große Maler und Kenner des Hofes von Ashikaga Yoshimasa, einer der ersten Meister dieser Kunst war. Der Teemeister Shukô war einer seiner Schüler, ebenso Sennô, der Gründer des Hauses von Ikenobô, einer Familie, die in der Geschichtsschreibung der Blumen einen ebenso berühmten Rang einnimmt wie diejenige Kanos in der Malerei. Mit der

Vervollkommnung des Teerituals unter Rikyû in der zweiten Hälfte des 16. Jahrhunderts erreicht auch das Blumenstecken seine höchste Blüte. Rikyû und seine Nachfolger, die berühmten Meister Oda Uraku, Furuta Oribe, Kôetsu, Kobori Enshû, Katagiri Sekishû wetteiferten miteinander im Erfinden neuer Kombinationen. Wir müssen jedoch auch bedenken, daß die Verehrung der Blumen durch die Teemeister nur einen Teil ihres ästhetischen Rituals bildete und nicht etwa eine von diesem unterschiedene Religion für sich selbst war. Ein Blumenarrangement war ebenso wie die übrigen Kunstgegenstände im Teeraum dem Gesamtentwurf des Raumschmuckes untergeordnet. So ordnete Sekishû an, daß keine weißen Pflaumenblüten verwendet werden sollten, solange im Garten Schnee lag. „Laute" Blumen wurden unbarmherzig aus dem Teeraum verbannt. Das Blumenarrangement eines Teemeisters verliert seine Bedeutung, wenn es von dem Platz entfernt wird, für den es ursprünglich geschaffen wurde, denn seine Linien und Proportionen sind speziell im Hinblick auf eine bestimmte Umgebung ausgearbeitet.

Die Verehrung der Blume um ihrer selbst willen setzt mit dem Aufstieg der „Blumenmeister" in der Mitte des 17. Jahrhunderts ein. Das Blumengesteck wird zu dieser Zeit unabhängig vom Teeraum und kennt keine Regeln außer denen, die die Vase vorschreibt. Neue Konzeptionen und Methoden der Ausführung werden nunmehr möglich, aus denen sich eine große Zahl von Regeln und Schulen ergibt. Ein Schriftsteller aus der Mitte des vorigen Jahrhunderts sagte, daß er über hundert verschiedene Schulen der

Blumensteckkunst ausmachen könne. Diese lassen sich grob in zwei Hauptrichtungen unterteilen: die formalistische Schule und die naturalistische. Die von den Ikenobôs geführten formalistischen Schulen zielten auf einen klassischen Idealismus, der demjenigen der Mitglieder der Kano-Akademie entsprach. Wir besitzen Berichte über Arrangements der frühen Meister dieser Schule, die die Blumengemälde des Sansetsu und des Tsunenobu fast vollständig nachahmten. Die naturalistische Schule andererseits nahm sich, wie der Name schon sagt, die Natur zum Vorbild und ließ nur solche Modifikationen der Form zu, die dem Ausdruck künstlerischer Einzigartigkeit dienten. Wir können so in den Arbeiten dieser Schule dieselben Impulse ausmachen, die in der Malerei zur Bildung der Ukiyoe- und Shijô-Schulen führten.

Stünde uns mehr Zeit zur Verfügung, so wäre es interessant, sich ausführlicher, als es jetzt möglich ist, mit den Gesetzen der Komposition und der Detailgestaltung zu befassen, wie sie von den verschiedenen Blumenmeistern jener Zeit formuliert wurden, und die grundlegenden Theorien aufzuweisen, die die Schmuckformen der Tokugawa-Zeit bestimmten. Wir finden Bezüge zum herrschenden Prinzip (Himmel), zum untergeordneten Prinzip (Erde) und zum vermittelnden Prinzip (Mensch), und jedes Blumenarrangement, das diese Prinzipien nicht verkörperte, wurde als dürr und tot betrachtet. Die Blumenmeister betonten darüber hinaus, wie wichtig es sei, eine Blume in ihren drei verschiedenen Aspekten zu behandeln, dem formalen, dem halbformalen und dem informellen Aspekt. Vom ersten Aspekt könnte man sagen, daß er die Blumen im prächtigen Schmuck des Ballsaales versinnbildlicht, der zweite die leichte Eleganz der Nachmittagskleidung und der dritte das bezaubernde Negligé des Boudoirs.

Unsere persönlichen Sympathien gelten den Blumenarrangements der Teemeister mehr als denjenigen der Blumenmeister. Die erstgenannten sind Kunst im eigentlichen Sinne und sprechen uns durch ihre Nähe zum Leben an. Wir möchten diese Schule zur Unterscheidung von der naturalistischen und der formalistischen Schule gern die natürliche Schule nennen. Der Teemeister hält seine Pflicht mit der Auswahl der Blumen für beendet und überläßt es diesen, ihre eigene Geschichte zu erzählen. Betritt man gegen Ende des Winters einen Teeraum, so mag man dort vielleicht einen zarten Zweig wilder Kirschen erblicken, kombiniert mit einem knospenden Kamelienzweig – ein Echo des vergehenden Winters, gepaart mit der Ankündigung des Frühlings. Oder man geht an einem unangenehm heißen Sommertag zum Mittagstee und entdeckt vielleicht im kühlen Dämmerlicht der tokonoma eine einzelne Lilie in einer Hängevase; behängt mit Tautropfen, scheint sie über die Torheit des Lebens zu lächeln.

Blumen allein sind interessant, aber im Zusammenklang mit Bildern und Skulpturen ergeben sich bezaubernde Kombinationen. Sekishû legte einst einige Wasserpflanzen in ein flaches Gefäß, um an die Vegetation der Seen und Sümpfe zu erinnern, und an die Wand darüber hing er ein Gemälde von Sôami, das fliegende Wildenten zeigte. Shoha, ein anderer Teemeister, kombinierte ein Gedicht über die Schönheit der Einsamkeit am Rand des Meeres mit einem bronzenen Weihrauchgefäß, das die Form einer Fischerhütte hatte, und einigen Wildblumen des Strandes. Einer der Gäste berichtete, er habe in der gesamten Komposition den Hauch des vergehenden Herbstes spüren können.

Die Geschichten über Blumen sind endlos. Eine weitere soll hier noch berichtet werden: Im 16. Jahrhundert war die Winde bei uns noch eine seltene Pflanze. Rikyû besaß einen ganzen Garten dieser Blumen, den er mit größter Sorgfalt hegte. Der Ruhm seiner Winden drang bis ans Ohr des Taikô vor, der den Wunsch äußerte, die Blumen zu sehen, so daß Rikyû ihn zum Morgentee in sein Teehaus einlud. Am vereinbarten Tag ging der Taikô durch den Garten, konnte jedoch nirgends eine Spur der Winden erblicken. Der Boden war geebnet und mit feinen Kieselsteinen und Sand bestreut worden. Erfüllt von finsterem Zorn betrat der Despot den Teeraum, wo ihn jedoch ein Anblick erwartete, der sein Gemüt vollends wieder ausglich. Auf der tokonoma lag in einer seltenen Bronze aus der Sung-Zeit eine einzelne Winde – die Königin des gesamten Gartens!

In solchen Geschichten erkennen wir die volle Bedeutung des Blumenopfers. Vielleicht haben die Blumen es in seiner ganzen Bedeutung zu schätzen gewußt. Sie sind nicht so feige wie die Menschen. Manche Blumen entfalten im Tod ihre ganze Pracht – ganz sicher ist es so bei den Blüten der japanischen Kirsche, wie sie sich freiwillig dem

Wind hingeben. Jedem, der in Yoshino oder Arashiyama schon einmal vor dieser duftenden Lawine gestanden hat, muß dies klargeworden sein. Für einen Augenblick schweben die Blüten wie juwelengeschmückte Wolken und tanzen über den kristallenen Strömen; dann, während sie über den lachenden Wassern davonsegeln, scheinen sie zu sagen: „Leb wohl, o Frühling! Wir sind auf dem Weg in die Ewigkeit."

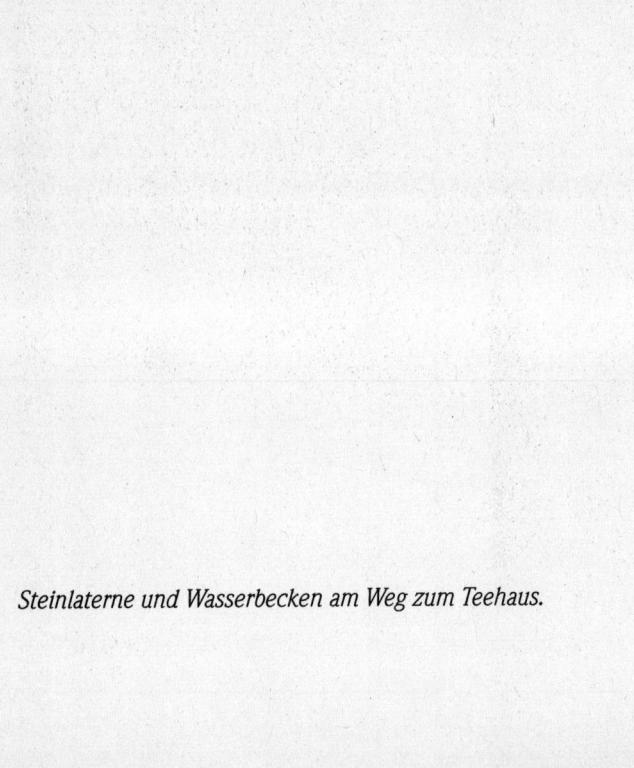

Steinlaterne und Wasserbecken am Weg zum Teehaus.

Der Gast bewundert die Teeschale – ein Akt der Höflichkeit, der fester Bestandteil der Teezeremonie ist.

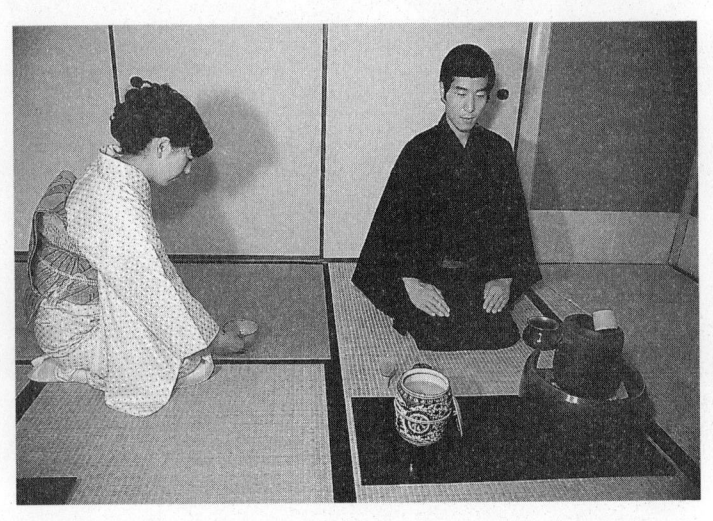

TEEMEISTER

In der Religion liegt die Zukunft hinter uns. In der Kunst ist die Gegenwart unvergänglich. Die Teemeister vertraten die Auffassung, daß wahre Wertschätzung der Kunst nur denjenigen Menschen möglich ist, die sie zu einem lebendigen Einfluß machen. Sie versuchten daher ihr tägliches Leben mit jenem hohen Grad an Verfeinerung zu versehen, der im Teeraum herrschte. Unter allen Umständen war die Ruhe des Geistes zu bewahren, und Gespräche sollten so geführt werden, daß durch sie die Harmonie der Umgebung niemals gestört wurde. Schnitt und Farbe der Kleidung, Körperhaltung und Gang sollten dem Ausdruck der künstlerischen Persönlichkeit dienen. Diese Dinge konnten nicht leichtfertig außer acht gelassen werden, denn ein Mensch, der sich nicht selbst verschönert hat, besitzt kein Recht, sich der Schönheit zu nähern. So strebten die Teemeister danach, noch mehr zu sein als Künstler, nämlich die Kunst selbst. Es war das Zen des Ästhetizismus. Vollkommenheit ist überall – wir müssen uns nur entscheiden, sie wahrzunehmen. Rikyû zitierte gern ein altes Gedicht, in dem es hieß: „Denen, die sich nur nach Blumen sehnen, würde ich gern den voll erblühten Frühling zeigen,

der dem mühsamen Entstehen der Knospen auf schneebe-
deckten Hügeln innewohnt."

Tatsächlich haben die Teemeister vielfältig zur Kunst beigetragen. Sie revolutionierten die klassische Architektur
und die Raumausstattung vollständig und schufen den neu-
en Stil, den wir im Kapitel über den Teeraum beschrieben
haben, einen Stil, dessen Einfluß selbst die nach dem 17.
Jahrhundert erbauten Paläste und Klöster unterworfen waren. Der vielseitig begabte Kobori Enshû hat in der kaiserlichen Villa von Katsura, in den Schlössern von Nagoya und
Nijô und im Kloster von Kôhô-an bemerkenswerte Beispiele seines Schaffensgeistes hinterlassen. Alle berühmten japanischen Gärten wurden von den Teemeistern angelegt.
Unsere Töpferware hätte vielleicht niemals eine so hohe
Qualität erreicht, hätten nicht die Teemeister die Kraft ihrer
Inspiration auch hier walten lasen, denn die Herstellung der
für die Teezeremonie benötigten Utensilien erforderte von
seiten unserer Töpfer den größtmöglichen Aufwand an
Wohlüberlegtheit. Die sieben Brennöfen sind allen wohlbe-
kannt, die sich mit japanischem Porzellan beschäftigen. Viele unserer Textilien tragen die Namen von Teemeistern, die
Farben und Muster erdachten. Es ist in der Tat unmöglich,
irgendeinen Bereich der Kunst zu finden, in dem die Teemeister nicht die Spuren ihres Genius hinterlassen hätten.
Was Malerei und Lackarbeit betrifft, so scheint es fast über-
flüssig zu sein, die immensen Verdienste zu erwähnen, die
sie um sie haben. Eine der bedeutendsten Schulen der
Malerei verdankt ihren Ursprung dem Teemeister Honami-
Kôetsu, der auch für seine Lackarbeiten und Töpferwaren

berühmt war. Seine Arbeiten stellen selbst die herrlichen Schöpfungen seines Enkels, Kôhô, und seiner Großneffen, Kôrin und Kenzan, fast in den Schatten. Die gesamte Kôrin-Schule ist allgemeinem Verständnis nach ein Ausdruck des Teeismus. In der großzügigen Linienführung dieser Schule scheint die Vitalität der Natur unmittelbar ausgedrückt zu sein.

So groß der Einfluß der Teemeister auf dem Gebiet der Kunst auch war – er ist verschwindend, verglichen mit ihrer Einwirkung auf die Lebensweise. Nicht nur in den höflichen Gesellschaftsbräuchen, sondern auch in der Anordnung der häuslichen Einzelheiten verspürt man die Gegenwart der Teemeister. Sie haben viele unserer delikaten Gerichte er-funden, ebenso wie unsere Art und Weise, das Essen zu ser-vieren. Sie haben uns gelehrt, uns nur in schlichte Farben zu kleiden. Sie haben uns die angemessene Geisteshaltung beigebracht, mit der man sich Blumen nähern sollte. Sie ha-ben unserer natürlichen Liebe zur Einfachheit einen zusätz-lichen Akzent verliehen und uns die Schönheit gezeigt, die in der Bescheidenheit liegt. Durch ihre Lehren ist der Tee tatsächlich ins Leben der Menschen eingegangen.

Diejenigen von uns, die das Geheimnis einer angemes-senen Ordnung des eigenen Lebens auf dem aufgewühlten Meer törichter Sorgen, das wir Leben nennen, nicht ken-nen, befinden sich in einem andauernden Zustand des Elends, während sie vergebens versuchen, glücklich und zufrieden zu erscheinen. Wir stolpern beim Versuch, unser moralisches Gleichgewicht aufrechtzuerhalten, und sehen in jeder Wolke, die am Horizont erscheint, einen Vorboten des kommenden Sturmes. Dabei liegt im Rollen der Wellen, wie sie auf die Ewigkeit zurauschen, auch Freude und Schönheit. Warum nicht eintreten in ihren Geist, oder, wie Lieh-tse, auf dem Sturm selbst reiten?

Nur derjenige, der mit dem Schönen gelebt hat, kann in Schönheit sterben. Die letzten Augenblicke der großen Teemeister waren in demselben Maße von exquisiter Verfeinerung erfüllt, wie es ihr Leben gewesen war. Stets bemüht, im Einklang mit dem großen Rhythmus des Universums zu sein, waren sie zu jeder Zeit vorbereitet, ins Unbekannte einzutreten. Der „letzte Tee des Rikyû" wird für immer den Höhepunkt tragischer Größe bilden.

Lang war die Zeit gewesen, in der Rikyû und der Taikô Hideyoshi einander in Freundschaft verbunden gewesen waren, und groß die Wertschätzung, die der mächtige Krieger dem Teemeister zukommen ließ. Aber die Freundschaft zu einem Despoten ist immer eine gefährliche Ehre. Es herrschte ein Zeitalter, das von Verrat erfüllt war und in dem die Menschen noch nicht einmal ihrem nächsten Freund vertrauten. Rikyû war nie ein ergebener Höfling gewesen und hatte häufig gewagt, in strittigen Fragen eine andere Meinung zu vertreten als sein stolzer Herrscher. Die Feinde Rikyûs nutzten die Gelegenheit, die sich aus der zeitweiligen Abkühlung seines Verhältnisses zum Taikô ergab, und beschuldigten ihn, an einer Verschwörung beteiligt zu sein, die darauf abzielte, den Despoten zu vergiften. Hideyoshi wurde zugetragen, daß ihm das Gift in einer von dem Teemeister zubereiteten Schale des grünen Getränks verabreicht werden sollte. Für Hideyoshi war der bloße Verdacht hinreichend für eine sofortige Hinrichtung, und es war zwecklos, an die Gnade des erzürnten Herrschers zu appellieren. Nur ein Privileg wurde dem Verurteilten zugestanden: die Ehre, durch seine eigene Hand sterben zu dürfen.

An dem für seine Selbstopferung bestimmten Tag lud Rikyû seine Meisterschüler zu einer letzten Teezeremonie ein. Zur festgesetzten Zeit betraten die Gäste traurig die Vorhalle. Beim Blick in den Garten scheinen die Bäume zu erschauern, und im Rascheln ihrer Blätter ist das Flüstern ruheloser Geister zu vernehmen. Die grauen Steinlaternen stehen da wie ernste Schildwachen am Tor des Hades. Aus dem Teeraum weht eine Duftfahne seltenen Weihrauchs herüber – die Aufforderung an die Gäste, einzutreten. Einer nach dem anderen nähern sie sich und nehmen ihre Plätze ein. In der tokonoma hängt ein kakemono – ein wundervoller Text eines Mönchs aus alter Zeit über die Vergänglichkeit aller irdischen Dinge. Das Singen des Teekessels, der auf der heißen Kohlenpfanne steht, erinnert an das Klagen einer Zikade über den schwindenden Sommer. Binnen kurzem betritt der Gastgeber den Raum. Alle erhalten nacheinander Tee, und alle leeren schweigend ihre Schale, der Gastgeber als letzter. Gemäß der hergebrachten Etikette bittet der ranghöchste Gast nun um die Erlaubnis, die Tee-Utensilien besichtigen zu dürfen. Rikyû breitet die verschiedenen Gegenstände gemeinsam mit dem kakemono vor den Gästen aus. Nachdem alle ihrer Bewunderung für die Schönheit dieser Dinge Ausdruck verliehen haben, schenkt Rikyû jedem aus der versammelten Gemeinschaft eines der Dinge zum Andenken. Nur die Schale behält er. „Nie mehr

soll diese Schale, die befleckt ist von den Lippen des Un-
glücks, von einem Menschen verwendet werden." Indem
er dies sagt, bricht er das Gefäß in Stücke.

Die Zeremonie ist vorbei; die Gäste, die nur mit Mühe
ihre Tränen zurückhalten können, verabschieden sich zum
letzten Mal und verlassen den Raum. Nur einer von ihnen,
der nächste und liebste Freund, wird gebeten zu bleiben
und Zeuge des Endes zu sein. Rikyû zieht sein Teegewand
aus und legt es sorgsam gefaltet auf die Matte. Er enthüllt
dabei das unbefleckt weiße Totengewand, das bis dahin verborgen geblieben war. Er wirft einen zärtlichen Blick auf die
glänzende Klinge des tödlichen Dolchs und spricht ihn an in
folgenden erlesenen Versen:

> Sei mir willkommen
> O Schwert der Ewigkeit!
> Durch den Buddha
> ebenso wie durch Bodhidharma
> hast du dir deinen Weg gebahnt.

Mit einem Lächeln auf seinem Gesicht ging Rikyû ins Unbekannte ein.

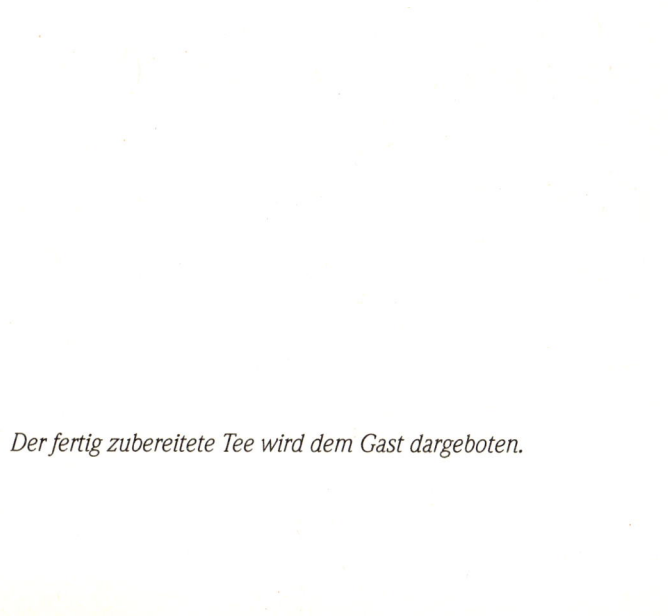

Der fertig zubereitete Tee wird dem Gast dargeboten.

NACHWORT

*D*as *chanoyu* hat in meinem Leben immer eine zentrale Stellung eingenommen, aber hätte es Kakuzo Okakuras „Buch vom Tee" nicht gegeben, so wäre der Gesichtskreis meines Lebenswerkes vielleicht ein ganz anderer gewesen. Wenn ich zurückdenke, ist mir ein bestimmtes Ereignis unter den verworrenen Erinnerungen an die Zeit des Krieges noch besonders lebendig. Ich wurde in einer speziellen Angriffseinheit der Marineflieger ausgebildet. Vor Beginn der zu erfüllenden Mission wollten meine Kameraden gemeinsam eine Schale Tee trinken, und so bereitete ich mit Hilfe der kleinen Auswahl von Tee-Utensilien, die ich mit mir führte, den Tee zu. Die Männer tranken, während sie in ihren Uniformen mit überkreuzten Beinen dasaßen, einer nach dem anderen aus den Schalen, die ich vor sie hingestellt hatte. Viele von ihnen rückten am nächsten Tag aus, um nie mehr zurückzukehren, aber mir ist die Atmosphäre dieses letzten Zusammentreffens zum Teetrinken geblieben – der Gleichmut von Freunden, eingefangen in der scheinbaren Stille einer Fotografie.

Am Ende des Krieges orientierten wir uns alle in unterschiedliche Richtungen und begaben uns auf die Suche nach neuen Werten, die uns in die Zukunft führen würden. Als ich eines Tages nach Hause kam, traf ich meinen Vater, den großen Teemeister an, wie er gerade Tee für eine Gruppe amerikanischer Besatzungssoldaten zubereitete. Ich betrat den Teeraum mit widerstreitenden Gefühlen. Diese Soldaten waren noch vor wenigen Monaten unsere Feinde gewesen, dennoch servierte mein Vater ihnen jetzt ruhig den Tee. Diese Erinnerung ist mir über all die Jahre hinweg geblieben, und sie war von fundamentaler Bedeutung für meine Entscheidung, den Geist des *chanoyu* in der Welt zu verbreiten und ihn zu meinem Lebenswerk zu machen. Zu einer Zeit, in der Japan aus den Schatten des Krieges wieder auftauchte und das Land bedeckt war von der Asche der Zerstörung, stand das *chanoyu* für Fortschritt und Licht.

Okakura schrieb das „Buch vom Tee" im Jahre 1906, als Japan stark von westlichen Idealen und Institutionen beeinflußt wurde und Gefahr lief, seine kulturellen Ideale zu verlieren. In der Nachkriegszeit war die Situation ähnlich: der Fall eines alten Systems und der Ruf nach einer neuen, demokratischen Regierungsform. Unter der Leitung der Besatzungsstreitmacht wurde die neue Konstitution übernommen, die auf westlichen Vorbildern basierte. Die darin enthaltenen Vorstellungen waren so fremd, daß eine neue Sprache geschaffen werden mußte, damit sie überhaupt ausgedrückt werden konnten. Meine Erinnerung an diese Zeit umfaßt auch den Vortrag eines Militäroffiziers an der Universität von Waseda. Ihm ging es darum, daß die Japaner nicht einfach die demokratischen Institutionen des Westens übernehmen sollten, sondern auch nach den demokrati-

schen Idealen suchen sollten, die in ihrem eigenen Erbe enthalten waren, in der Tradition des *chanoyu*, wie sie fortge-
schrieben worden war im „Buch vom Tee".

Obgleich Okakura „Das Buch vom Tee" vor allem geschrieben hat, um westliche Leser in die asiatische Denkweise und Kultur einzuführen, bekräftigt es durch die ein-
zigartige Perspektive, aus der es geschrieben ist – es steht in
der Tradition asiatischen Denkens, bedient sich jedoch
westlicher Denkweisen –, die zentralen Werte des asiatischen Lebens.

Während meiner ersten Reise in die Vereinigten Staaten
in den fünfziger Jahren wurde mir klar, wie weitreichend
der Einfluß von Okakuras Werk war. Das *chanoyu* war an
vielen Orten, die ich besuchte, praktisch unbekannt, und
die zu seiner Durchführung unbedingt benötigten Dinge,
wie z. B. *tatamis*, waren nicht aufzutreiben. Als meine Frau
und ich jedoch damit begannen, improvisierte Matten für
unsere Vorführung herzustellen, indem wir Bettücher aus-
legten und sie mit schwarzem Band befestigten, das an die
Kanten der *tatamis* erinnern sollte, merkten wir, daß uns ins
gewisser Weise bereits der Weg geebnet worden war. Menschen, die sonst nichts über das *chanoyu* und nur wenig
über irgendeinen Aspekt des japanischen Lebens wußten,
hatten Okakuras Buch gelesen.

Den Tee als Symbol des asiatischen Lebens zu wählen,
war ein Geniestreich Okakuras, und zwar ein gewagter,
wurden damit doch die Blätter eines ganz gewöhnlich aus-
sehenden Strauches (auch wenn Okakura ihn die „Königin
der Kamelien" genannt hatte) neben die industrielle und

technologische Macht des Westens gestellt. „Tee" stand für die Welt der Natur in der traditionellen Auffassung östlicher Kultur wie im täglichen Leben ganz normaler Menschen. Er vereinte eine Vielfalt von Völkern quer über den asiatischen Kontinent und erinnerte uns an die engen wechselseitigen Bindungen unserer Kulturen durch die Jahrhunderte hindurch.

Dieser „Tee" entwickelte sich zu einer Lebensform, einem Weg der Übung auf der Suche nach spiritueller Erfüllung. Dieser „Tee" war *chanoyu*. Auf der Grundlage der Feststellung, daß wir ohne das entschiedene Bemühen, uns von den Sorgen und Bedürfnissen der Welt zu befreien, niemals inneren Frieden erlangen können, bot das *chanoyu* uns die Möglichkeit, über unsere alltäglichen Bindungen hinauszuschreiten und zu den Wurzeln unserer menschlichen Existenz vorzustoßen. Auf diese Weise umgriff das *chanoyu* ein universelles Bedürfnis.

Als ein Weg der Übung bietet das *chanoyu* einen umfassenden Lebensentwurf. Es erinnert konstant an die grundlegenden Werte eines Volkes im Laufe der Zeit, wie sie entstanden sind aus jahrhundertealter Weisheit und der Erfahrung der asiatischen Tradition. Es predigt keine religiöse Lehre. Seine große Kraft liegt in der Anschaulichkeit seiner Formen und darin, daß es in der grundlegendsten aller menschlichen Tätigkeiten gründet: im Zusammensitzen mit anderen Menschen beim gemeinsamen Mahl und beim Teetrinken. Sen Rikyû (1522–1591), der die Grundlagen des *chanoyu* geschaffen hat, wie wir es heute kennen, hat gesagt: „Beim *chanoyu* geht es einfach darum, Holz zu sammeln, Wasser zu kochen und Tee zu trinken; sonst um nichts."

Um die Prinzipien auszudrücken, die dem *chanoyu* zugrundeliegen, verwendete Rikyû die Begriffe „Harmonie, Respekt, Reinheit, Ruhe" *(wa, kei, sei, jaku)*. Im *chanoyu* treten diejenigen, die es praktizieren, in eine Welt ein, in der diese menschlichen Ideale durch die allgemeine Übereinkunft, die Disziplin und die lange Übung aller Teilnehmenden überwiegen, im Gegensatz zur Geschäftigkeit der alltäglichen Handlungen.

Die Aufzählung „Harmonie, Respekt, Reinheit, Ruhe" ist in der chinesischen Zen-Literatur zu finden. Sie ist ursprünglich keine japanische Formulierung. In ihr sind die großen Wege spiritueller Übung bewußt angesprochen, und heute sicherlich ebenso wie zu Rikyûs Zeiten sind diese Ideale bedeutsam für alle Menschen.

Harmonie und Verehrung sind Ideale menschlichen Aufeinander-bezogen-Seins, während Reinheit und Ruhe eine eher persönliche Bedeutung haben. Sie alle jedoch sind eng miteinander verwoben und enthalten einander gegenseitig, mehr noch: Sie setzen einander voraus. So haben sie alle konkrete Auswirkungen für die Beziehung des Übenden zu den anderen Teilnehmern und die Umgebung des Tees selbst ebenso wie für die innere Gestimmtheit jedes einzelnen.

Harmonie

Harmonie läßt in hohem Maße an einen konfuzianischen Wert denken – die Atmosphäre der Übereinstimmung. Daß das *chanoyu* auf ein sorgsames Verhalten in allen Bereichen des Aufeinander-bezogen-Seins besteht, ist vielleicht in erster Linie darin begründet, daß dieser Zustand erreicht werden soll. Viele Menschen, die zum ersten Mal an einer Teezeremonie teilnehmen, empfinden die ihnen auferlegten Verhaltensmaßregeln als rigide und einschränkend, aber das formlose Verhalten, wie es junge Menschen vielfach bevorzugen, bedeutet nicht unbedingt eine Befreiung.

Die Regeln des Zusammenlebens sind genau festgeschrieben, um uns von den unberechenbaren Impulsen der Selbstsucht und des Zornes zu befreien und um uns zu befähigen, eine Beziehung zu anderen aufzubauen, die von den Befindlichkeiten, Gedanken und Gefühlen des Augenblicks unabhängig ist. Heute mögen Rituale vielleicht weniger als zu jeder anderen Zeit gelten, aber im *chanoyu* ermöglichen sie uns, Orte der Ruhe und der inneren Festigkeit für uns selbst zu schaffen, Zeiten, in denen wir die Gelegenheit haben, dasjenige zu ehren, von dem wir wissen, daß es das Wichtigste in unserem Leben ist. Die Verhaltensformen des *chanoyu* vermitteln uns die Fähigkeit, unser Innenleben zu regeln und uns darin zu üben, jeder Situation in gefaßter Haltung gegenüberzutreten, auch wenn sie ganz genau vorschreiben, wann und sogar wie tief man sich zu verbeugen hat, wann man spricht und welche Themen für die Unterhaltung angemessen sind.

Die Betonung der Harmonie im *chanoyu* führte zur Herausbildung eines besonderen Kennzeichens der Teezeremonie: der sozialen Gleichgestelltheit aller, die sich im Teeraum befinden. Das bedeutet nicht, daß alle sozialen Unterscheidungen einfach weggewischt würden oder daß die Abfolge der Gäste dem Zufall überlassen wäre. Im Gegenteil: Sie wird im voraus sorgfältig festgelegt, wobei auch die Rollen und Sitzplätze des wichtigsten Gastes und der anderen Gäste festgelegt werden. Indem wir uns jedoch derartigen Regeln unterwerfen, können wir einander frei auf einer menschlichen Ebene begegnen, die Verwicklungen der Außenwelt hinter uns lassen und uns in der Welt des *chanoyu* versammeln.

Dieses Prinzip findet sich darin ausgedrückt, daß der Teeraum nur einen Eingang hat. Rikyû, der den viereinhalb *tatami*-Matten großen Teeraum in eine strohgedeckte Hütte umwandelte, schuf einen sehr kleinen Eingang, der *nijiri-guchi* genannt wird, wörtlich „Eingang zum Hineinkriechen". Diese architektonische Maßnahme enthüllt den Kern des *chanoyu*.

Die Menschen, die zur Zeit Rikyûs an einer Teezeremonie teilnahmen, waren hauptsächlich Feudalherren, hochgestellte Krieger und reiche Kaufleute. Alle Gäste eines Treffens zum gemeinsamen Teetrinken, die der Kriegerkaste angehörten, mußten ihre Schwerter ablegen, die ihren Rang symbolisierten, bevor sie durch diesen Eingang krochen. Selbst dem Herrscher des Landes wurde dies abverlangt. Indem sie auf diese Weise den Teeraum betraten, nahmen alle dieselbe Haltung ein und legten so ihren Status innerhalb eines streng geregelten Kastensystems ab, um eine Welt zu betreten, in der die Menschen in erster Linie ihres Menschseins wegen geachtet werden.

Unter den Gebäuden der Urasenke-Verbindung gibt es einen Teeraum, der Kan'untei heißt und von einem Teemeister der dritten Generation, Sen Sôtan (1578–1658) erbaut wurde. Es handelt sich um einen der ältesten Teeräume, und sein Aussehen sowie seine Atmosphäre sind typisch für das 17. Jahrhundert. Eines der besonderen Kennzeichen dieses Raumes ist seine Decke. Sie ist unterteilt in drei Bereiche unterschiedlicher Höhe und Konstruktion: den formalen Bereich *(shin)*, den halbformalen *(gyo)* und den informellen *(so)*. Die Kaiserin Tôfukumon'in, die Frau des Kaisers Gomizuno'o, war eine Schülerin Sôtans. Im kaiserlichen Palast saß sie, wie es für eine Person ihres Ranges üblich war, auf einem erhöhten Platz. Wenn sie in Sôtans Haus kam, wo es keinen erhöhten Bereich gab, saß sie auf derselben Höhe wie alle anderen Schüler auch. Aus Respekt schuf Sôtan jedoch einen Platz für sie, der sich unter dem formalen Bereich der Decke befand. In dieser Geste liegt gleichermaßen die Beachtung ganz gewöhnlicher Verhaltensmaßregeln als auch im Rahmen des *chanoyu* der Ausdruck der Fähigkeit, über die Gegebenheiten des Augenblicks hinauszusehen.

„Der wahre Aristokrat ist derjenige, der frei von Angst ist" *(buji kore kinin)*, sagte der Zen-Meister Rinzai (gestorben 866). Diejenigen, die das *chanoyu* praktizieren, halten diese Worte in Ehren, denn „frei von Angst zu sein" (*buji* heißt wörtlich „nicht zu tun" oder „sicher") ist eines der Ideale, das sie anstreben. So kommt es zu der Ironie, daß, obwohl in der gewöhnlichen Welt die Aristokraten und die gesellschaftlich Hochstehenden regieren, im Teeraum diejenigen den höchsten Rang einnehmen, die ihr eigenes inneres Für-Sich-Sein erreicht haben. In diesem Sinne beinhaltet das Ideal der Harmonie einen streng demokratischen Geist.

Das Prinzip der Harmonie gilt jedoch nicht nur in bezug auf den sozialen Bereich beim gemeinsamen Teetrinken, sondern auch in bezug auf unsere Lebensführung im Einklang mit der Natur. Während der zeitgenössische Lebensstil vielfache Annehmlichkeiten bereithält, die es uns gestatten, unser tägliches Leben ohne Rücksicht auf die Welt der Natur einzurichten, findet sich im Herzen des *chanoyu* eine feinsinnige und komplizierte Verständigung mit unserer Umgebung. Dies wird besonders deutlich in der Bewußtheit jahreszeitlicher Veränderungen, die im *chanoyu* so wichtig ist, was die Auswahl der Utensilien und der Mahlzeiten ebenso betrifft wie die Methode der Teezubereitung.

Als Rikyû gebeten wurde, die Geheimnisse der Verwendung der Kohlenpfanne und des Herdes zu erklären, das heißt, den wesentlichen Unterschied der Teebereitung im Sommer und im Winter, da antwortete er:

„Im Sommer solltet ihr ein Gefühl der Kühle vermitteln, im Winter eines der Wärme. Legt die Holzkohle so hin, daß sie das Wasser erhitzt; bereitet den Tee so zu, daß er angenehm schmeckt. Das ist das ganze Geheimnis."

Die Frage, die man Rikyû gestellt hatte, basierte auf der Annahme, daß der Teezeremonie irgendeine verborgene Bedeutung innewohne, die nur fortgeschrittenen Schülern zugänglich sei. Rikyûs Antwort jedoch drückte einfach die grundlegende Haltung eines Gastgebers aus – eine einfache Angelegenheit. Der verblüffte Frager beschwerte sich: „Das ist etwas, das jeder weiß." „Wenn es so ist", erwiderte Rikyû, „versuche zu tun, was ich gesagt habe. Ich werde dein Gast sein und vielleicht dein Schüler werden."

Derartige Ideale können natürlich von vielen Menschen geteilt werden, auch wenn uns vielleicht die Zeit dazu fehlt, sie zu erfüllen. Das Üben des *chanoyu* jedoch ist die bewußte Weigerung, seine wesentliche Existenz als menschliches Wesen auf einen späteren Zeitpunkt zu verschieben, im vollen Bewußtsein dessen, wie anspruchsvoll und dennoch wichtig diese Aufgabe sein kann. Es bedeutet, mit einer geschärften Aufmerksamkeit für das Detail zu leben – für die Blumen der jeweiligen Jahreszeit, das Geräusch des Wassers, das über einen Stein gegossen wird, die Zeit, zu der sich der Abend in Dämmerung verwandelt –, nicht, weil diese Dinge das eigene Selbst erweitern, sondern weil sie unser Leben in Einklang bringen mit dem, was das Selbst überschreitet.

Im *chanoyu* ist die Art und Weise, in der man die Holzkohle anordnet, über Generationen von Teemeistern hinweg weitergegeben worden. Die genaue Anzahl der Kohlenstücke und selbst ihre Größe und Form ist festgeschrieben, ebenso wie die Reihenfolge, in der sie angeordnet werden, und ihre genaue Position auf einem Untergrund

aus gesiebter Asche. Dennoch üben wir uns ein Leben lang
in derartigen Vorgehensweisen, denn es geht nicht darum,
diese durch die Zeit geheiligten Verfahrensweisen in perfek-
ter Nachahmung immer wieder auszuführen, sondern die
Holzkohle genau so hinzulegen, „daß sie das Wasser erhitzt" daß sie rasch aufleuchtet, gleichmäßig brennt und
den Wasserkessel in angemessener Zeit erhitzt, ohne daß
Zeit und Wärme verschwendet würden. Die Schönheit und
Sparsamkeit der brennenden Holzkohle, die die Form eines
runden Astes hat, der kreuzweise eingeritzt, aber in seiner
Rinde noch unversehrt ist, ist auch die Schönheit und Sparsamkeit der sich bewegenden Hand des Meisters, die im
Augenblick des gemeinsamen Teetrinkens eine tiefere Harmonie offenbart.

Rikyû spielte in seiner oben zitierten Antwort bewußt
auf eine Geschichte an, die den japanischen Teemeistern
vertraut ist. Ein chinesischer Zen-Meister namens Dorin zog
sich aus dem weltlichen Leben zurück und beschloß, in einem Baum zu leben. Der Dichter Po Chü-i suchte den Meister auf, um zu sehen, was er von ihm lernen könne.

Po sagte: „Meister! Deine Wohnung ist unsicher." Der
Zen-Meister antwortete: „Es ist deine Art zu leben, zu der
gehört, daß du dich in der Welt aufhältst, und die ihr wah-
res Wesen verleugnet, das unsicher ist."

Po fragte: „Was ist die Lehre des Buddha?"

Dorin antwortete: „Vermeide das Falsche und verhalte
dich recht."

„Das weiß bereits jedes dreijährige Kind", antwortete
der Dichter.

Der Mönch erwiderte: „Mag sein, daß ein dreijähriges Kind es weiß, aber selbst ein achtzigjähriger Greis kann bei dieser Übung vom rechten Weg abkommen."

In dieser Geschichte ist die grundlegende Haltung derer ausgedrückt, die in der Vergangenheit und gegenwärtig den Weg des Tees praktizieren. Lebenslange Übung mag zu einem Wissen über einen weiten Bereich von Traditionen und Gebieten verhelfen – Keramik und Textilien, Weihrauch, Lackarbeiten, Kochkunst, die Schriften der Zen-Meister und die klassischen Werke japanischer Dichtung, um nur einige zu benennen –, dennoch ist es immer das Grundlegendste, das am schwierigsten ist. Die mit Papier bespannten Fenster und der mit *tatamis* ausgelegte Fußboden des Teeraumes schaffen aus sich selbst noch nicht einen Zufluchtsort vor den bedrängenden Verantwortlichkeiten des Lebens, für den Übenden jedoch ist es so, daß sie den Menschen näher an eine innere Wirklichkeit heranführen und uns alle von unserer vergeblichen Flucht vor Mißklang und Unsicherheit befreien.

Was eine andere Regel des *chanoyu* angeht, so sagte Rikyû: „Ordnet die Blumen so an, wie ihr sie auf der Wiese vorfindet." Okakura diskutiert in seinem Blumen-Kapitel verschiedene Arten der Blumensteckkunst und gibt dabei *chabana* den Vorzug, derjenigen Art der Anordnung, die sich aus dem von Rikyû artikulierten Prinzip herleitet. Wiederum mag Rikyûs Regel zunächst einfach erscheinen, ihre Beherrschung jedoch erfordert jahrelange Übung. Wie andere Aspekte des *chanoyu* ist auch *chabana* eine Disziplin, in der man sich ein Leben lang übt.

Manche Menschen wundern sich über das Paradoxon, Blumen kunstvoll so anzuordnen, daß sie ganz natürlich wirken. Dabei ist nicht beabsichtigt, einfach das Bild von Blumen in einer Wiese zu reproduzieren. Die daraus erwachsende Natürlichkeit kann nur aus dem Verstehen erwachsen, dem Festhalten des Wesens der Blumen. In der Ruhe des Teeraumes, wo sie die Nische schmücken, außerhalb der Verwicklungen des Alltagslebens besitzen die Blumen darüber hinaus eine Unmittelbarkeit, die in der freien Natur nicht zu bemerken ist. Sie existieren tatsächlich rein in der Gegenwart und beeindrucken uns durch die Besonderheit ihrer individuellen Existenz, einfach indem sie sind, wie sie sind. Wie Okakura bemerkt:

„Sie sind nicht so feige wie die Menschen. Manche Blumen entfalten im Tod ihre ganze Pracht – ganz sicher ist es so bei den Blüten der japanischen Kirsche, wie sie sich freiwillig dem Wind hingeben. ...Während sie über den lachenden Wassern davonsegeln, scheinen sie zu sagen: 'Leb wohl, o Frühling! Wir sind auf dem Weg in die Ewigkeit.'"

Von entscheidender Bedeutung für die Wertschätzung der Blumen im *chanoyu* ist eine tiefgreifende Aufmerksamkeit, die jede auf den Menschen zentrierte Sichtweise der Welt überschreitet.

Achtung

Auf der Ebene der Persönlichkeit beinhaltet das Prinzip der Harmonie einen Geist der Verehrung und der Bescheidenheit. Es kann keine wahrhafte Anerkennung anderer geben, solange man nicht in der Lage ist, die Bindung an das eigene Selbst abzulegen, die im gesellschaftlichen Leben dominiert. Das Versagen, wo es darum geht, die tiefste Menschlichkeit in anderen wahrzunehmen, ist tatsächlich eine der maßgeblichen Ursachen für den Unfrieden in der Welt.

Die Notwendigkeit eines Geistes der Verehrung und Achtung ist in verschiedenen Aspekten des *chanoyu* erkennbar. Okakura diskutiert dies in seinem brillanten Kapitel „Wertschätzung der Kunst", in dem er die Parabel von der Harfe erzählt. Nur jemandem, der sich dem Lied unterwirft, das verborgen in ihr klingt, wird die Harfe Musik zugestehen. Ebenso ist es, sagt Okakura, bei denjenigen, die vor einem Kunstwerk stehen.

Vieles im *chanoyu* zielt ab auf die Übung, die Welt um uns herum wahrzunehmen. Okakura spricht sogar vom *chanoyu* als einer „Religion des Ästhetizismus". Zu sehen bedeutet im *chanoyu*, die verzerrende Linse der Gebräuche und Wertungen wegfallen zu lassen und die Dinge um ihrer selbst willen wahrzunehmen und wertzuschätzen. In diesem Zusammenhang ist wichtig, daß vieles von dem, was im *chanoyu* hochgehalten wird, nicht als „Kunst" geschaffen, sondern unter den ganz gewöhnlichen Utensilien der Haushaltsführung entdeckt und übernommen wurde.

Daher werden im *chanoyu* die Dinge, die man wertschätzt, nicht an einem Ideal formaler Schönheit gemessen. Um ein Klischee aufzugreifen: Die Schönheit liegt im Auge des Betrachters, und im *chanoyu* wird dieses Auge genährt vom Geist der Achtung.

Die Bedeutung der Achtung im *chanoyu* wird deutlich in einer Geschichte, die von Sôtan handelt. Eines Tages schickte ein enger Freund Sôtans, ein Priester in Daitokuji, einen jungen Meßdiener zu Sôtan, um diesem einen ganz besonders zarten Zweig weißer Kamelienblüten zu überbringen. Unterwegs jedoch löste sich die schönste Blüte vom Zweig. Nachdem er die verschiedenen Möglichkeiten abgewägt hatte, entschied sich der Junge dafür, die abgefallene Blüte zu Sôtan zu bringen und sich für seine Achtlosigkeit zu entschuldigen. Die Achtung, die im Empfinden des Meßdieners liegt, ist beispielhaft; sie drückt eine Verehrung für das ganz Gewöhnliche aus. Noch bemerkenswerter ist jedoch Sôtans Reaktion: Er tat den Zweig in eine Vase, die er am Balken der Nische aufhing, und die abgefallene Blüte legte er auf den Boden der Nische. Indem er seinem Freund auf diese Weise Achtung für seine Aufmerksamkeit und dem Jungen Respekt für seine Bemühungen zukommen ließ und der Blume selbst seine Achtung erwies, wurde die Kamelie im Reich des *chanoyu* zu neuem Leben erweckt.

Im Bereich der menschlichen Beziehungen besagt das Prinzip der Achtung, keine Absichten in bezug auf andere zu haben und frei von Berechnung zu sein, um andere zu beeindrucken oder mit ihnen zu konkurrieren. Rikyû lehrte:

„Für den Geist des Gastes und des Gastgebers ist es gut, in wechselseitiger Übereinstimmung zu sein. Aber in Übereinstimmung sein zu wollen ist schädlich. Wenn sowohl der Gast als auch der Gastgeber ein wenig vom Weg begriffen haben, wird sich spontan ein Geist der Harmonie erheben."

Wahre Harmonie kann nicht durch das verlegene Bemühen der Teilnehmer herbeigeführt werden, sondern muß entstehen, ohne daß sie dies beabsichtigen. Das heißt, sie ergibt sich aus gegenseitiger Achtung und aus einer Selbstlosigkeit, die durch langandauernde Disziplin und Übung erreicht wird.

Welche Bedeutung die Achtung im *chanoyu* besitzt, ist besonders klar ausgedrückt in dem Satz „Dieses Zusammentreffen – jedoch nur einmal im Leben" *(ichigo ichie)*. Diese Worte beschreiben die Haltung des Übenden während des gemeinsamen Teetrinkens, und sie leiten sich her aus der Anweisung von Rikyûs Lehrer Jôô:

„Von dem Augenblick an, in dem du den Gartenpfad betrittst, bis zu dem Zeitpunkt, zu dem du gehst, sollst du den Gastgeber in größter Wertschätzung halten, in einem Geist, der besagt, daß dieses Zusammentreffen sich nur einmal in deinem Leben ereignet."

Diese Haltung einer Wertschätzung jedes Augenblicks wird im *chanoyu* durch Übung genährt und gilt für alle menschlichen Begegnungen. Ob der Tee-Schüler Anleitung von einem Lehrer erhält, ob wir unsere Geschäftspartner, unsere

Freunde oder unsere Familie treffen – in der Bedeutsamkeit
des Gegenwärtigen liegt die Manifestation von Aufrichtigkeit. Im *chanoyu* soll Aufrichtigkeit auch im Verhältnis des
Menschen zu seiner Umgebung herrschen. Die Schale in
unserer Hand bedeutet mehr als nur den Namen einer bestimmten Brennerei, mehr als nur ein formales Konzept,
wenn sie gehalten wird im „einen und einzigen Augenblick", in dem die Zwänge unseres selbstzentrierten Lebens
vergessen sind, indem man aus ihr trinkt.

Reinheit

Es ist oft gesagt worden, daß der Aspekt der Reinheit das
charakteristischste japanische Element des *chanoyu* sei –
ein Aspekt, der sich in Übereinstimmung mit der Shintô-
Tradition befindet. Sicherlich ist die Betonung der Reinheit
im gesamten *chanoyu* offenkundig. Der Teeraum wird vor
einem Treffen stets sorgsam gesäubert und vorbereitet, und
er wird darüber hinaus noch mit Hilfe von Weihrauch gereinigt, nachdem die Gäste ihn betreten haben. In vergleich-
barer Weise werden die Wege kurz vor dem Eintreffen der
Gäste sorgfältig mit Wasser besprengt. Diese Reinigung
steht für das Reinwerden des Herzens und des Geistes.

Bei jedem Teeraum ist der Eingang für die Gäste von
einem kleinen Garten umgeben. Der Weg, der durch diesen
Garten zum Teeraum führt, führt auch zu einem kleinen
steinernen Wasserbecken. Wenn die Gäste angekommen

sind und am jenseitigen Ende des Gartens sitzend warten,
gießt der Gastgeber frisches Wasser in dieses Becken. Rikyû
wurde einst von einem seiner Schüler nach dem Grund
dafür gefragt, und er antwortete, daß der Anblick und das
Geräusch des Wassers reinigend und erfrischend auf die
Atmosphäre wirken würden.

Der Gartenpfad selbst soll zu einer Welt jenseits des
weltlichen Lebens führen. Aus diesem Grund besteht die
erste Handlung des Gastgebers und der Gäste in diesem
Garten darin, daß sie sich vom Staub der Welt befreien. Der
Gartenpfad wird „der taufrische Grund" (roji) genannt, obwohl dieses Wort ursprünglich vielleicht nur „Durchgang"
oder „Weg" besagt haben mag. In einer Parabel aus der
„Lotus-Sutra" ruft ein Vater seinen Kindern zu, daß sie aus
dem brennenden Haus in die Sicherheit des roji kommen
sollen. Das brennende Haus symbolisiert das schmerzvolle
Dasein in Unwissenheit und Selbst-Verhaftetsein, und wer
sich im chanoyu übt, betrachtet den roji als den Ort, an dem
er sich aus den Verstrickungen dieser Welt löst.

Ruhe

Allgemein gesprochen könnte man sagen, daß das Prinzip
der Ruhe das Ideal des chanoyu am besten ausdrückt. Mitten im Getriebe des Lebens bietet das chanoyu einen Rahmen und eine Übungsform, in der man sich sammeln kann.

Die Ruhe des chanoyu ist jedoch nicht einfach ein kur-

zes Innehalten inmitten von Sorgen oder eine relativ fried-
volle Situation, aus der wir in unsere alltäglichen Pflichten
zurückkehren. Diejenigen, die sich im *chanoyu* üben, streben danach, seine Ruhe zur Grundlage ihres Lebens zu
machen. Das Wort für Ruhe, *jaku*, ist ein buddhistischer
Ausdruck, der vielfach verwendet wird, um das Nirvana
auszudrücken, das Erlöschen blinder Leidenschaften und
das Erwachen zu dem, was wahr und wirklich ist.

Rikyû bemerkte zum Wesen des *chanoyu* folgendes:

„Chanoyu ist vor allem eine Sache der Übung. Der Weg soll
im Einklang mit der Lehre des Buddha verwirklicht werden.
Sich an einem prachtvoll ausgestatteten Haus oder einem
verschwenderischen Mahl zu ergötzen, ist Teil des weltlichen Lebens. Schutz ist in ausreichendem Maße gewährt,
wenn das Dach nicht leckt, und genügend Nahrung hat
man, wenn man nicht verhungert. Das ist die Lehre des
Buddha und die grundlegende Absicht des chanoyu. Der
Übende bringt Wasser mit, sammelt Feuerholz und kocht
das Wasser. Wenn er Tee zubereitet, bietet er diesen dem
Buddha an, serviert ihn anderen und trinkt selbst davon. Er
hat Blumen angeordnet und verbrennt Weihrauch. Bei alledem nimmt er sich die Handlungen des Buddha und der
Patriarchen zum Vorbild."

Darin ist der wesenhafte Charakter des *chanoyu* als eines
„Weges" ausgesprochen, eines Pfades der Disziplin und der
Übung, durch die wir die falschen Bilder unserer selbst
überschreiten sollen.

Ein konkreter Ausdruck dessen findet sich in der Verehrung, die den Kalligraphien der Zen-Mönche dargebracht wird, die uns die Erkenntnis des buddhistischen Erwachens vermitteln. Nochmals Rikyû:

„Kein anderes Utensil ist so wichtig wie die Schriftrolle. In ihrer Betrachtung erlangen sowohl der Gastgeber als auch der Gast im chanoyu-samâdhi eine Ganzheit des Geistes und die Erkenntnis des Weges. Unter den Schriftrollen stehen die Kalligraphien der Zen-Mönche an erster Stelle. In der Verehrung des Geschriebenen bewahrt man die Tugend des Kalligraphen und all derer, die sich auf dem Weg üben, sowie die der Patriarchen."

Ebenso wie Harmonie, Achtung und Reinheit nicht lediglich spirituelle Werte repräsentieren, sondern sich in der Übung des *chanoyu* auch manifestieren, so ist auch die Ruhe gleichzeitig ein innerer Zustand und eine konkrete Wirkung.

In einer der am meisten gerühmten Äußerungen Okakuras wird das *chanoyu* dargestellt als „Anbetung des Unvollkommenen". Okakura drückt auf diese Weise seine Wertschätzung für den wohl charakteristischsten Aspekt der vielen sorgsam bewahrten Tee-Utensilien aus – ihren Mangel an symmetrischer Gestaltung und Vollkommenheit der Form. Die positive Wertung der Unvollkommenheit kommt auch in der Architektur des Teeraums voll zum Ausdruck, die die Bedeutung des Prozesses der Vervollkommnung demonstriert, die größer ist als die Vollkommenheit selbst. Wahre Schönheit kann im Denken des Zen und des Taoismus nur von demjenigen entdeckt werden, der das Unvollkommene geistig vervollkommnet. Die Stärke der Kunst und des Lebens liegt in ihren Wachstumsmöglichkeiten.

Die ästhetische Wertschätzung des Unvollkommenen kennzeichnet nicht allein das *chanoyu*. Selbst in den klassischen „Essays zur Nichtigkeit" (ca. 1331) kann man die Aussage finden: „In allen Dingen, ganz gleich, worum es sich handelt, ist Vollkommenheit in jedem Detail nicht wünschenswert; dasjenige vermag das Interesse zu erhalten, was in einem unfertigen Zustand belassen wurde."

Okakuras Verständnis dieser Vorliebe erwuchs zweifelsohne aus seiner langjährigen Vertrautheit mit den künstlerischen Traditionen sowohl des Ostens als auch des Westens. Viele Menschen wären nicht einverstanden mit der Vorstellung, daß der Betrachter die Symmetrie beispielsweise einer Teeschale erst herstellt oder daß das Asymmetrische einfach so, wie es ist, wertgeschätzt wird. Aber die „Anbetung des Unvollkommenen" ist nicht einfach eine formale ästhetische Kategorie. „Die Verehrung des Schönen inmitten der dürftigen Tatsachen des täglichen Daseins", um es mit Okakuras Worten zu sagen, ist der weiterreichende Zweck, und eben in der Wertschätzung des Alltäglichen jenseits des Berechnenden und Absichtsvollen des menschlichen Geistes liegt die Grundlage ästhetischen Ausdrucks im *chanoyu*.

Zu den ästhetischen Wertmaßstäben des *chanoyu* ist bereits viel gesagt worden – über die Liebe zum Unterdrückten, Einfachen, das meist mit dem Ausdruck *wabi* umschrieben wird. *Wabi* beschreibt ursprünglich eine Atmosphäre der Verlassenheit, und zwar sowohl im Sinne von Einsamkeit als auch im Sinne einer Einfachheit der Dinge. In der langen Geschichte diverser japanischer Künste nahm *wabi* nach und nach eine positive Bedeutung an, die seinem tiefen religiösen Sinn galt.

Der Teemeister Jôô wählte das folgende Gedicht von Fujiwara Teika, um sein Verständnis von *wabi* auszudrücken:

> Ich schaue den Strand entlang:
> Es gibt weder Blumen
> noch buntes Herbstlaub.
> Am Rand des Meeres steht eine Binsenhütte
> in der Dämmerung des Herbstes.

Die Szene beschwört eine gewisse Einsamkeit herauf – keine jahreszeitlichen Farben, keine Frühlingsblumen oder Herbstblätter. Vielleicht erwacht man gerade in dieser „Unvollkommenheit" am stärksten zur Wahrheit der eigenen Existenz. Nur in einer derart wesenhaften Einfachheit können wir das, was uns umgibt, wirklich wahrnehmen. Wie Okakura sagt: „Diejenigen, die in sich selbst nicht die Kleinheit des Großen verspüren können, übersehen leicht die Größe der kleinen Dinge in anderen."

Dennoch enthält *wabi* in dem von Jôô gewählten Gedicht eine negative Wertung, während das folgende Gedicht von Fujiwara Ietaka, das von Rikyû gewählt wurde, *wabi* als etwas Erstrebenswertes erscheinen läßt:

Einem, der nur
die Kirschblüte herbeisehnt,
würde ich
den Frühling in einem Bergdorf zeigen,
seine jungen Kräuter mitten im Schnee.

Hier läßt *wabi* ein neues Bewußtsein aufkommen. Wir verspüren es im Wieder-Erscheinen der Welt in neuer Lebendigkeit und Bedeutung.

Ich fragte eines Tages meinen Zen-Meister Goto Zuigan
nach der Bedeutung des verwandten Ausdrucks *sabi*. Er sagte mir, daß ich einen Teich im Tempelbezirk betrachten sol-
le. Ich folgte seiner Anordnung und schaute lange Zeit in
das Wasser. Dann kehrte ich zurück. Er fragte mich, ob ich
verstanden habe, und ich gab zu, daß dies nicht der Fall war.
Er befahl mir, noch einmal zu schauen.

Diesmal begab ich mich ans Ufer des Teichs und suchte
mir einen großen Felsblock, auf dem ich meditierend sitzen
konnte. Es war mitten im Winter, und die Oberfläche des
Wassers war mit welken Lotusblättern bedeckt. Plötzlich
wurde mir klar, daß die Blüten nicht einfach vertrocknet
waren, sondern daß sie in ihrem Zerfall die Fülle des Lebens
verkörperten, die in ihrer natürlichen Schönheit wieder von
neuem erscheinen würde.

Wo Okakura von den taoistischen Idealen spricht, die das
chanoyu durchdrungen haben, stellt er fest, daß „die drei
Juwelen des Lebens Mitleid, Sparsamkeit und Bescheidenheit" seien. Diese Ausdrücke mögen heute antiquiert er-

scheinen, aber sie drücken Qualitäten aus, nach denen in unserer heutigen Welt viele von uns inzwischen suchen.

Es ist nunmehr fast ein Jahrhundert her, daß Okakura seinen klassischen Essay niederschrieb. Seine Botschaft ist heute nicht weniger herausfordernd, seine Bedeutung vielleicht sogar größer als damals. Der Kern seines Textes ist die Warnung, daß die erste und vorrangige Lektion, die die Menschheit zu lernen hat, darin besteht, daß sie lernt, wie man miteinander im Einklang lebt und wie man die Errungenschaften verschiedener Kulturen ohne Auflagen respektiert.

Was mich selbst betrifft, so ist es nun fast vierzig Jahre her, daß ich zum ersten Mal in die Vereinigten Staaten reiste, um den Weg des Tees zu demonstrieren und über ihn zu sprechen. Seit dieser Zeit kurz nach Ende des Krieges ist es meine Überzeugung, daß Frieden auf der Welt erreicht werden kann, indem man mit dem Austausch von Tee einfach zwischen zwei Menschen beginnt. Nach mehr als einhundert Reisen in Dutzende verschiedener Länder auf sechs Kontinenten, um an Universitäten zu lehren und Vorträge bei verschiedenen Organisationen zu halten, gibt es inzwischen auf der ganzen Welt eine Reihe von Städten, wo Schüler sich im *chanoyu* üben.

Dennoch fragen mich Japaner, die von meinen Reisen wissen, häufig, wie es sein kann, daß Nicht-Japaner hoffen können, etwas von dem zu begreifen, was Japaner selbst als so schwer verständlich empfinden. Ich antworte ihnen, daß eine Kiefer eine Kiefer ist, und daß sie wachsen und gedeihen wird, ganz gleich in welchem Land, wenn sie Wasser,

Luft, Platz und Nährstoffe vorfindet. Ebenso brauchen Menschen Nahrung, sowohl körperlicher wie geistiger Art, und das *chanoyu* kann dazu beitragen, diese Nahrung bereitzustellen.

Die Fortschritte, die Wissenschaft und Technologie seit Okakuras Zeit und sogar seit meiner eigenen Jugend gemacht haben, haben die Schaffung zahlreicher Annehmlichkeiten des modernen Lebens begünstigt, und sie haben in den entwickelten Ländern für eine Verbreitung des Wohlstandes gesorgt, aber sie haben auch eine tiefe Angst erzeugt. Die Drohung eines Krieges unter Zuhilfenahme von Waffen, die eine nahezu unfaßbare Zerstörungskraft besitzen, sowie die fortwährende Zerstörung der Umwelt, die Vergiftung der Atemluft und des Trinkwassers sind zur täglichen Realität geworden. Ganz sicher ist es Zeit, noch einmal einen Blick auf den Tee zu werfen und dabei die umfassende Perspektive einzunehmen, die Okakura als erster vorgeschlagen hat: menschliche Kultur, die die Grenzen zwischen den Völkern überschreitet.

Soshitsu Sen XV, im Oktober 1989

BILDNACHWEIS

Die Fotos wurden im Teehaus der Urasenke in München aufgenommen, das von Soshitsu Sen gestiftet wurde.

Inspirationen

Eugen Drewermann
Zeiten der Liebe
Band 5012

Die tiefen und poetischen Texte treffen den Kern existentieller Fragen. Sie lassen Wege erkennen, die zu einem Leben der Liebe führen.

Laß dir Zeit
Entdeckungen durch Langsamkeit und Ruhe
Band 5006
Hrsg. von Rudolf Walter

Die Autoren inspirieren dazu, sich wieder Zeit zu nehmen für das Leben: für Liebe und Zärtlichkeit, Trauer ebenso wie für Freude und Genuß.

Antoine de Saint-Exypéry
Man sieht nur mit dem Herzen gut
Band 5005

Von der Zuneigung und Freundschaft zwischen Menschen und darüber, wie das Eigentliche gelebt werden kann.

Norman Vincent Peale
Dazu bestimmt, mit den Sternen zu reisen
Visionen, die das Leben beflügeln
Hrsg. von Ralph Waldo
Band 5004

Der ansteckende Glauben an das Gute im Menschen, vom Autor des Weltbestsellers „Die Kraft des positiven Denkens".

Anselm Grün
50 Engel für das Jahr
Ein Inspirationsbuch
Band 5003

Die 50 Engel des Jahres sind inspirierende und diskrete Begleiter des Alltags. Ein „himmlisches" Buch, zum Schmökern und Verschenken.

HERDER / SPEKTRUM

Marion Schneider
Ein Jahr im Kungfu-Kloster Shaolin
Der 11jährige David allein in China
Band 4621

Ein deutscher Junge lebt ein Jahr unter den Mönchen und Novizen des berühmten Klosters Shaolin. Nach dem faszinierenden Fernsehfilm jetzt der spannende Bericht der Mutter.

Lawrence LeShan
Vom Sinn des Meditierens
Schlüssel zu einem erfüllteren Leben
Band 4615

Klar, anschaulich und mit vielen Beispielen zeigt der Therapeut und Meditationsmeister, wie man durch meditieren Gelassenheit und persönliche Stärke entwickelt.

Frederik Hetmann
Siddhartas Weg
Die Geschichte vom Leben und der Lehre des Buddha
Band 4594

Die populäre Vergegenwärtigung einer großen Weltreligion in der faszinierenden Lebensgeschichte des Stifters. Spannend, lebendig, farbig.

Daisetz T. Suzuki
Der Buddha der Liebe
Herzensgüte im Zen-Buddhismus und christlicher Glaube
Mit einer Einführung von Michael von Brück
Band 4576

Ein weltbekannter Interpret zeigt, wie nahe der buddhistische Begriff allumfassender Liebe und universalen Mitleidens dem christlichen Glauben steht.

Thich Nhat Hanh
Schlüssel zum Zen
Der Weg zu einem achtsamen Leben
Mit einer Einführung von Philip Kapleau
Band 4570

Ein Meister erschließt die alte Tradition von Bewußtheit und Achtsamkeit, um sie im Alltag zu verwirklichen.

HERDER / SPEKTRUM

Anthony de Mello
Eine Minute Weisheit
Band 4569

Keine der hier erzählten Geschichten verlangt mehr als eine Minute Lesezeit.
Und doch: Sie können ein – Ihr – Leben verändern.

Jon Kabat-Zinn
Im Alltag Ruhe finden
Das umfassende praktische Meditationsprogramm
Band 4533

Eine Fülle von Tips, wie sich alltägliche Situationen in meditative Übungen
umwandeln lassen und wie man neue Kraft aus eigener Stärke gewinnt.

Bruno Borchert
Mystik
Das Phänomen – Die Geschichte – Neue Wege
Mit zahlreichen Abbildungen
Band 4530

Das Standardwerk: solide und kenntnisreiche Einführung, faszinierender
Überblick und spannende, anschauliche Darstellung.

Ngakpa Chögyam
Reise in den inneren Raum
Einführung in die tibetische Meditationspraxis
Mit zahlreichen Abbildungen
Band 4516

Den eigenen Weg erkunden und aufmerksam beschreiten. Ein anschauliches
Begleit- und Übungsbuch zur Meditationspraxis.

Leben ist mehr
Das Lebenswissen der Religionen und die Frage nach dem Sinn des Lebens
Hrsg. von Rudolf Walter.
Mit einem Vorwort von Carl Friedrich von Weizsäcker
Band 4470

Voll im Leben und doch fehlt etwas. Die großen Religionen bieten überraschende
Alternativen. Überzeugende Menschen berichten von ihrer Entdeckung und
Lebensleidenschaft.

HERDER / SPEKTRUM

Dalai Lama/Jean-Claude Carrière
Die Kraft des Buddhismus und der Zustand der Welt
Bewußter leben in der Welt von heute
Band 4463

Westen und Osten begegnen sich im Dialog, lebendig, erzählerisch, informativ –
und zukunftsorientiert.

Anthony de Mello
Wie ein Fisch im Wasser
Anleitung zum Glücklichsein
Band 4459

Kurze Meditationen über die bedingungslose, reine Liebe, die auch loslassen
kann und zu der jeder fähig ist.

Dalai Lama
Der Friede beginnt in dir
Wie innere Haltung nach außen wirkt
Band 4451

Die moderne Auslegung der wichtigsten Lehren über den Weg zu innerem und
äußerem Frieden. Einer der schönsten Texte des Buddhismus.

Thomas Merton
Sinfonie für einen Seevogel
Weisheitstexte des Tschuang-tse
Aus dem Englischen von Bernardin Schellenberger
Band 4421

Der moderne, weltbekannte Mystiker legt hier eine sehr persönliche Auswahl
großer Weisheitstexte des chinesischen Denkers Tschuang-tse vor.

Thich Nhat Hanh
Lächle deinem eigenen Herzen zu
Wege zu einem achtsamen Leben
Hrsg. von J. Bossert/A. Meutes-Wilsing
Band 4370

Die einfache, tiefe Botschaft an Menschen, die in der Hektik des Alltags beim
Gehen schon ans Rennen denken.

HERDER / SPEKTRUM